GERRIT-RICHARD RANFT

Mit Kindern unterwegs

BODENSEE UND OBERSCHWABEN UMSONST

GERRIT-RICHARD RANFT

Mit Kindern unterwegs

BODENSEE UND OBERSCHWABEN UMSONST

111 kostenlose Ausflugsziele

fleischhauer & spohn

Gerrit-R. Ranft lebt und arbeitet als freier Journalist
in Ulm. Der gebürtige Niedersachse fühlt sich seit
mehr als dreißig Jahren im deutschen Südwesten
heimisch. Als Vater zweier Kinder und mittlerweile
auch als jung gebliebener Opa weiß er, wohin
es Familien in der Freizeit zieht. »Bodensee und
Oberschwaben umsonst« ist sein dreizehnter
Ausflugsführer.

Umschlagfoto: Am Bodensee
Foto Seite 2/3: Im Museumsdorf Kürnbach

Fleischhauer & Spohn steht für die hochwertigen
Familienausflugsführer aus dem Silberburg-Verlag.

1. Auflage 2010

© 2010 by Silberburg-Verlag GmbH,
Schönbuchstraße 48, D-72074 Tübingen.
Alle Rechte vorbehalten.
Umschlaggestaltung: Christoph Wöhler, Tübingen,
unter Verwendung einer Fotografie von
Rainer Fieselmann.
Illustrationen: Ann-Kathrin Busse, Pfinztal.
Lektorat: Natalie Schmid.
Druck: Grammlich, Pliezhausen.
Printed in Germany.

Gedruckt auf zertifiziertem
Papier: Förderung nachhaltiger
Waldbewirtschaftung –
nähere Informationen unter:
www.pefc.org

PEFC/04-31-0878

ISBN 978-3-87407-874-0

Besuchen Sie uns im Internet und entdecken Sie
die Vielfalt unseres Verlagsprogramms:
www.silberburg.de

Inhalt

Schöne Aussichten 19

Aus Württembergs Urgeschichte 29

Inhaltsverzeichnis

Inhaltsverzeichnis

9

Inhaltsverzeichnis

Sprung ins Wasser...............................*111*

Inhaltsverzeichnis

Eine kleine Gebrauchsanleitung

Dieser Ausflugsführer stellt in sehr geraffter Form 111 Ausflugsziele vor. Sie liegen – grob betrachtet – in Oberschwaben und rund um den Bodensee. Hier und da verlassen sie schon mal diesen eng gesteckten Rahmen. Die nördlichsten Ziele stellen Ulm und Neu-Ulm, die südlichsten Österreich und die Schweiz. Die westliche Grenze bildet die Donau, die östliche die Iller. Folglich greift das Buch ein wenig auch in den Hegau aus und ins bayerische Allgäu.

Mit stets nur wenigen Sätzen werden die Ziele vorgestellt.

■ Spannend und lehrreich: Beobachtungstouren im Grünen

Der Text will nicht mehr sein als Anregung. Mit seinen knapp bemessenen Angaben soll er aber neugierig machen und Appetit auf mehr. An Ort und Stelle wird der Besucher – soweit nötig – weitere Auskünfte vorfinden. Ein paar Beispiele: Zu den »Quellenwegen« in Stockach ist auf der Übersichtstafel am »Freibad Osterholz« alles Wissenswerte aufgezeichnet. Am Aufgang zur »Ruine Ratzenried« wird ausführlich die Geschichte der zerstörten Burg erzählt. Den Stadtführern in Meersburg und Lindau sollte mit diesem Buch auch nicht vorgegriffen werden.

Weil die Idee dieses Führers darin besteht, mit wenig Worten auszukommen, enthält er keine Angaben zur koordinatengetreuen Lage des Ausflugsziels, auch nicht zu den Anfahrtswegen. Stattdessen sind jene Stellen angeführt, die weiterhelfen. Mal ist es die Gemeindeverwaltung, dann die Tourist-Information, mal ein Pfarramt, ein Museum, ein Naturschutzzentrum. Sie haben die Angaben im Buch geprüft und stehen für Auskunft und Rat zur Verfügung. Die Empfehlung in jedem Fall: Erst informieren – dann reisen.

Nun bedeutet, was festzuhalten ist, umsonst nicht immer und in jedem Fall völlig kostenfrei. Mag der Museumsbesuch kostenfrei bleiben, kann der für den Pkw benötigte Stellplatz Parkgebühren erfordern. Kommt der Besucher zu Fuß oder per Rad, bleibt umsonst tatsächlich ohne Kosten, so am Freitag im Ulmer Museum oder zu den Kinderstadtführungen in Lindau und Meersburg.

Es kann auch sein, dass kostenlos nicht für alle kostenlos bedeutet. Nach reiflicher Überlegung wurden auch Ausflugsziele aufgenommen, die nur mit dem Landesfamilienpass kostenlos oder zu ermäßigter Gebühr besucht werden können. Der Landesfamilienpass wird auf der nächsten Seite vorgestellt.

Übrigens: Umsonst sollte nicht missverstanden werden als vergeblich, vergebens, ohne die erhoffte Wirkung. Umsonst leitet sich aus dem mittelhochdeutschen »umbe sus« her. Dort meint es unentgeltlich, ohne Gegenleistung. Es wird also etwas Ordentliches geboten, für das keine weitere Aufwendung gefordert wird. Umsonst meint – richtig verstanden – tatsächlich kostenlos.

Werden diese Einschränkungen beachtet, können die angesteuerten Ausflugsziele viel Freude bereiten. Egal, ob es ein Wildgehege ist oder ein Badesee in freier Natur, ein Besuch im Botanischen Garten, im Schloss oder im Kakteengarten.

Zum Schluss noch eins: Diese Sammlung von 111 Ausflugszielen erhebt nicht den Anspruch auf Vollständigkeit. Der kleine Ausflugsführer wäre leicht umfangreicher geworden, hätte alles aufgenommen werden können, was den Besuch lohnt zwischen Donau und Bodensee und darüber hinaus.

Gerrit-Richard Ranft

Sonstige Tipps

Der Landesfamilienpass

Der Landesfamilienpass und die zugehörigen Gutscheine erlauben Familien mit ständigem Wohnsitz in Baden-Württemberg – selbstverständlich auch ausländischen Familien – im Jahr mehr als zwei Dutzend kostenlose oder ermäßigte Besuche in den staatlichen Schlössern, Gärten und Museen sowie einigen Erlebnisparks. Pass und Gutscheine werden kostenfrei vom zuständigen Bürgermeisteramt ausgestellt.

Den Pass erhalten Familien mit mindestens drei Kindern im Haushalt, Alleinerziehende mit mindestens einem Kind und Familien mit einem schwerbehinderten Kind.

■ Viele Museen sind für Landesfamilienpass-Inhaber kostenlos.

Kostenfrei können mit speziell dafür vorgesehenen Gutscheinen jeweils einmal besucht werden: Schloss Heidelberg, Landesmuseum für Technik und Arbeit in Mannheim, Kunsthalle Baden-Baden, Badisches Landesmuseum Karlsruhe, Kunsthalle Karlsruhe, Museum für Naturkunde Karlsruhe, Zentrum für Kunst und Medientechnologie Karlsruhe, Staatsgalerie Stuttgart, Württembergisches Landesmuseum Stuttgart, Museum für Naturkunde Stuttgart, Linden-Museum Stuttgart, Archäologisches Landesmuseum Konstanz.

Ermäßigter Eintritt wird gewährt im zoologisch-botanischen Garten »Wilhelma« Stuttgart, im »Blühenden Barock« Ludwigsburg, im Deutschordensmuseum Bad Mergentheim, im Erlebnispark Tripsdrill, im Europapark Rust, ins Ravensburger Spieleland und ins Sea Life in Konstanz.

Sieben Gutscheine berechtigen zum mehrfachen kostenlosen Besuch weiterer Schlösser, Gärten und Außenstellen der Museen. Sie sind in der Broschüre »Staatliche Schlösser und Gärten Baden-Württemberg« aufgeführt.

Partner, die bei Vorlage der Landesfamilienpasses kostenfrei Leistungen gewähren, sind das Deutsche Literaturmuseum in Marbach am Neckar, Museum Oberrheinische Narrenschau in Kenzingen, Schloss Waldburg, die historische Stadtführung donnerstags 17 Uhr in Esslingen, Stadtführungen in Besigheim, Ober-schwäbisches Freilichtmuseum Kürnbach, Schmuckmuseum Pforzheim, Kraichtaler Museen, Naturkundliches Bildungszentrum Ulm und die meisten Gedenkstätten und literarischen Museen in Baden-Württemberg.

Der Landesfamilienpass gilt jeweils ein Jahr.

Der 3-Löwen-Takt-Anreisetipp

Das Land Baden-Württemberg ist zuständig für den Nahverkehr und wirbt mit der Landesmarke »3-Löwen-Takt« für die Nutzung von Bussen und Bahnen. Zum Thema Freizeit bietet Baden-Württemberg jede Menge Möglichkeiten. Einige davon sind in diesem Buch beschrieben. Manche dieser Ziele lassen sich bequem, umweltfreundlich und kostengünstig mit Bussen und Bahnen erreichen. Dabei kann man die individuellen Abfahrts- und Ankunftszeiten über die LöwenLine, die telefonische Fahrplanauskunft unter Telefon (0 18 05) 77 99 66 (14 Cent /Min. aus dem deutschen Festnetz; höchstens 42 Cent/Min. aus Mobilnetzen), schon in der Planungsphase des Ausflugs erfragen. Im Internet findet sich die elektronische Fahrplanauskunft unter www.3-loewen-takt.de. Dort befindet sich auch eine Freizeitdatenbank mit vielen weiteren Zielen und Veranstaltungen in Baden-Württemberg.

Schöne Aussichten

Übern See gucken

Auf dem Moleturm

Friedrichshafens Hafeneinfahrt ist wohl der schönste aller Stadteingänge der Bodenseestadt. Zugleich ist er einer der wichtigsten – gemessen an der Zahl der auf den Fähr-, Kurs-, Ausflugs- und Freizeitschiffen ankommenden Reisenden. Seit dem Jahr 2000 bildet ein 22 Meter hoher Aussichtsturm auf der Hafenmole ein markantes städtebauliches Element. Seine neun Etagen hohe vertikale Ausrichtung bildet das Gegenstück der horizontalen Überdachung des Molenkopfs. Der Turm will nicht modisch sein. Er nimmt in der Einfachheit seiner Konstruktion und Formgebung wie auch mit der Reduktion der statischen Bauteile und der zurückhaltenden

Farbgebung unmittelbaren Bezug auf die Bauhausarchitektur des Hafenbahnhofs. Stahltreppen führen zu zwei Aussichtsplattformen, die einen großartigen Blick auf die Stadt, den See und die Alpenfront bieten. Die oberste Ebene schützt die unter ihr liegende gegen Regen und ein wenig auch gegen Wind. Rund hundert Leute finden oben gleichzeitig Platz. Die gesamte gut fünfzig Tonnen schwere Konstruktion ruht auf acht Pfählen von je 16 Zentimetern Durchmesser. Sie stehen in rund vierzig Metern Tiefe auf tragfähigem Grund. Die vor dem Turm in den Seeboden gerammten, mit Beton gefüllten Stahlrohre gehören nicht unmittelbar zum Turm.

Sie dienen lediglich als Anprallschutz. Die Grundfläche des Moleturms beträgt nur gut 25 Quadratmeter.

- **Ort:** *Friedrichshafen, Bodenseekreis/FN*
- **Lage:** *auf der Hafenmole* **Öffnungszeiten:** *immer frei zugänglich*
- **Rollstuhl/Kinderwagen:** *nicht möglich*
- **Parken:** *im Stadtgebiet*
- **Auskunft:** *Tourist-Information Friedrichshafen, Bahnhofplatz 2, 88045 Friedrichshafen, Telefon (0 75 41) 30 01 16, www.friedrichshafen.info*

Prominente Fußabdrücke

Auf dem Höchsten

Der Höchsten ist mit 837 Metern über Normalnull ein besonderer geographischer Ort im Voralpenland. Über ihn verläuft die europäische Wasserscheide zwischen Rhein und Donau. Nach Norden fließendes Wasser gelangt über Andelbach und Ablach zur Donau und ins Schwarze Meer. Die übrigen Quellen schicken ihr Wasser zum Rhein und damit in den Atlantik. Der Berg gewährt herrliche Ausblicke weit über den Bodensee hinweg auf die österreichische und Schweizer Alpenkette. Am höchsten Punkt steht ein Aussichtspavillon mit einer Panoramatafel. Mit ihrer Hilfe lassen sich die wichtigsten Orte bestimmen. Anteil am Berg haben die Gemeinden Deggenhausertal, Illmensee und Wilhelmsdorf. Der Wirt des »Berggasthofs Höchsten« hat am Weg zum Aussichtspavillon parallel den »Schwäbisch-Alemannischen Mundartpfad« und den »Prominentenpfad« angelegt. Der Mundartweg erklärt auf elf Schautafeln beispielhaft die Sprachgrenze zwischen Schwaben und Alemannen im deutschen Südwesten. Auf dem Prominentenpfad sind in Beton die Fußabdrücke Lothar Späths, des Herzogs von Württemberg, des Großherzogs von Baden und manch anderer bekannter Persönlichkeit für die Ewigkeit festgehalten. Seit 2006 führt Deutschlands erste permanente Bergrennstrecke für Radsportler auf den Höchsten. Zwischen dem Start am »Stoppomat« in Urnau auf 499 Metern Höhe und dem Ziel auf 837 Metern in Glashütten liegen knapp acht Kilometer Fahrstrecke.

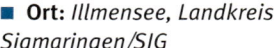

- **Ort:** *Illmensee, Landkreis Sigmaringen/SIG*
- **Lage:** *auf dem Gipfel des Höchsten*
- **Öffnungszeiten:** *Pavillon, Stoppomat und Pfade sind immer frei zugänglich*
- **Rollstuhl/Kinderwagen:** *möglich*
- **Parken:** *auf dem Gipfel*
- **Auskunft:** *Berggasthof Höchsten, Familie Kleemann, 88636 Illmensee, Telefon (0 75 55) 9 21 00, www.hoechsten.de*

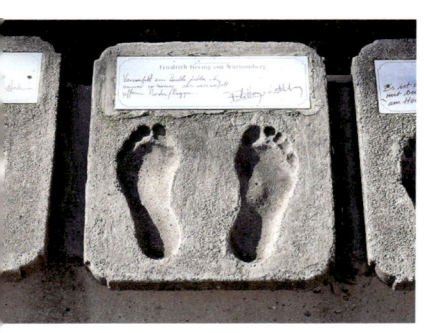

Kunst am Weg

Auf dem Skulpturenpfad

Im September 2006 trafen sich in Maierhöfen elf bildende Künstler für eine Woche zum Kunstsymposium. Sie haben der Gemeinde Kunstwerke an den Weg gestellt. Darunter riesige Sonnenblumen aus Mistgabeln, Glas und Jaucherohren, ein krummer hängender angespitzter Holzstamm, von Maierhöfer Schulkindern bemalte und in den Wald gehängte Pflastersteine, ein Riesenspinnennetz aus rostendem Stahl. Auch steinerne Stelen mit Texten darauf, die zum Nachdenken anregen, sind am Weg aufgebaut. Der Rundweg längs der Kunstwerke ist 4,7 Kilometer lang und in eineinhalb Stunden bequem zu gehen. Die Kunstwerkrunde beginnt am Maierhöfer Rathaus, die Hauptstraße entlang bis zum Abzweig Richtung Reute. Dort steht rechts auf der Wiese das erste Kunstwerk – eine Holzkugel. Kurz vor der Steinwerkstatt Schrade rechts auf den Skulpturenweg, dem Bachlauf folgend. Über den Bach führt der Weg leicht ansteigend erst am Wald entlang, dann hinein. Unter hohen Eschen ist der höchste Punkt der Tour erreicht. Dort ein kurzer Abstecher nach rechts zu »FonLuc« – einer der schönsten Skulpturen überhaupt. Der Weg läuft an den Eschen rechts weiter nach Ringenberg. Dort an der Kreuzung wieder

rechts, durch den Ortsteil Happach zurück zum Rathaus. Immer wieder bieten sich unterwegs schöne Ausblicke auf die Bergwelt des Allgäus, der Schweiz und Österreichs. Nicht alle Kunstwerke sind auf den ersten Blick erkennbar. Manche wollen regelrecht gesucht sein.

- **Ort:** *Maierhöfen, Landkreis Lindau/LI*
- **Lage:** *ab Rathaus Maierhöfen*
- **Öffnungszeiten:** *immer frei zugänglich*
- **Rollstuhl/Kinderwagen:** *möglich*
- **Parken:** *im Ort*
- **Auskunft:** *Gästeamt Maierhöfen, Brunnenweg 2, 88167 Maierhöfen, Telefon (0 83 83) 9 80 40, www.maierhoefen.de*

Zum Lachen

Auf dem Kneippwanderweg

itze, lose Sprüche, Anekdoten, dazu auch Ratschläge zu gesunder Lebensführung muntern den Wanderer auf dem »Großen Kneipp-Rundwanderweg« rund um den Kurort Scheidegg auf. Der doch etwas längere Weg von vierzehn Kilometern fordert ein gewisses Durchhaltevermögen; da die Route aber den Ort Scheidegg als Mittelpunkt hat, kann die Wanderung an fast jeder beliebigen Stelle abgebrochen werden. Ein kurzer Weg nur ist es dann zurück ins Quartier. Der Weg wurde 1997 vom Scheidegger Kneippverein auf Anregung eines ortsansässigen Heilpraktikers angelegt. Auf der Rundtour bieten sich dem Wanderer eine ganze Reihe herrlicher Aussichtspunkte. Einen der schönsten Plätze im ganzen Westallgäu findet er auf dem 810 Meter hohen »Roderbühl«, wo er das gesamte Panorama der Allgäuer und der österreichischen Alpen sehen kann. Der Blick reicht weit hinaus über den Bodensee ins Appenzeller Land, zu den südlichen Ausläufern des Schwarzwalds und ins württembergische Oberland. Wenige Jahre nur nach Eröffnung des Großen Kneipp-Rundwanderwegs wurde – ebenfalls um den Ort Scheidegg herum – der »Ökumenische Kapellenweg« eingerichtet. Er ist auf Teilstrecken mit dem Kneippweg identisch und führt über eine Strecke von knapp 22 Kilometern zu zehn Gotteshäusern. Der »Kleine Kapellenweg« schließlich bleibt im Ort Scheidegg, besucht fünf Kirchen und Kapellen und in 866 Metern Höhe das Kreuz auf dem »Kreuzberg«.

■ **Ort:** *Scheidegg, Landkreis Lindau/LI*
■ **Lage:** *rund um Scheidegg*
■ **Öffnungszeiten:** *immer frei zugänglich*
■ **Rollstuhl/Kinderwagen:** *möglich*
■ **Parken:** *am Wohnmobilplatz*
■ **Auskunft:** *Kurverwaltung Scheidegg, Rathausplatz 4, 88175 Scheidegg, Telefon (0 83 81) 8 95 55, www.scheidegg.de*

Öde Fensterhöhlen

Auf der Ruine Hohentwiel

Über Jahrhunderte ist die Festung auf dem Hohentwiel ausgebaut worden. Aus einer Burg von 914 wurde die württembergische Landesfestung, die ihr Kommandant Konrad Widerholt samt einer 300 Mann starken Besatzung im Dreißigjährigen Krieg gegen fünf aufeinanderfolgende Belagerungen erfolgreich verteidigte. Im Frühjahr 1801 wurde die Feste auf Befehl Napoleons geschleift. Seither ist der Hohentwiel Ruine, als Kulturdenkmal aber von hohem historischen Wert. Der Schriftsteller Viktor von Scheffel hatte von seinem Schlöss-

chen auf der Bodenseehalbinsel Mettnau den Gipfel täglich im Blick. So siedelte er dort seinen historischen Roman »Ekkehard« an. Hadwig, schöne Witwe des Schwabenherzogs Burkhard, und ihr Lateinlehrer, der Mönch Ekkehard vom Kloster St. Gallen, finden Gefallen aneinander. Die Sache geht nicht gut aus. Die Ruinen des Hohentwiel bilden heute ein wüstes Labyrinth aus Mauerwerk und Gräben, aus Kasematten, Grotten und Kellergewölben, aus düsteren Treppenstiegen, öden Fensterhöhlen, grasüberwachsenen Steinfußböden, wucherndem Holundergesträuch. Die Sicht übers weite Land ist betörend. Im Osten glänzt die Wasserfläche des Bodensees. Westlich breitet sich der Hegau aus mit seinen sonderbaren Bergkegeln.

- **Ort:** *Singen (Hohentwiel), Landkreis Konstanz/KN*
- **Lage:** *westlich der Stadt*
- **Öffnungszeiten:** *April bis September täglich 8.30 bis 18.30 Uhr, Oktober täglich 9 bis 17 Uhr, November bis März täglich 10 bis 16 Uhr*
- **Rollstuhl/Kinderwagen:** *nicht möglich*
- **Parken:** *am Wohnmobilplatz*
- **Auskunft:** *Tourist Information der Stadt Singen, Marktpassage, August-Ruf-Straße 13, 78224 Singen, Telefon (0 77 31) 8 52 62, www.singen.de*

Wasser für Stuttgart

Aufbereitungsanlage Sipplinger Berg

Rund 125 Millionen Kubikmeter Wasser pumpt der Zweckverband Bodensee-Wasserversorgung jährlich aus sechzig Metern Tiefe in seine auf dem Sipplinger Berg gelegene Aufbereitungsanlage. Dem Bodensee schadet es nicht. Ihn durchströmen im Jahr mehr als elf Milliarden Kubikmeter Wasser. Entnommen werden also nur etwas mehr als ein Prozent. Da verdunstet sogar mehr auf der Seeoberfläche, als der Zweckverband in sein 1700 Kilometer langes Leitungsnetz bringt. Die erste Hauptleitung von 1958 transportiert das Wasser von südlich von Tuttlingen über die Schwäbische Alb in den Mittleren Neckarraum. Die dreizehn Jahre später eröffnete zweite Hauptleitung führt zwischen Sigmaringen und Mössingen in einem 24 Kilometer langen Stollen durch die Alb. Verteilt wird das Bodenseewasser an vier Millionen Menschen. Schon das bei Sipplingen geförderte Rohwasser ist von hervorragender Qualität. Drei Aufbereitungsstufen genügen, um Mikroorganismen und Schwebstoffe sicher zu entfernen. Der Zweckverband Bodensee-Wasserversorgung ist mit 180 Mitgliedsgemeinden und -verbänden der größte Fernwasserversorger in Deutschland. In 29 Behältern werden 500 000 Kubikmeter Wasser zwischengespeichert.

Für Druck im Röhrensystem sorgen 17 Pumpwerke und 20 Drucksteigerungsanlagen.

- **Ort:** *Sipplingen, Bodenseekreis/FN*
- **Lage:** *Sipplinger Berg*
- **Öffnungszeiten:** *Einzelbesucher Mai bis Oktober Mittwoch, 15.30 Uhr, nach Anmeldung im Verkehrsamt Sipplingen unter Telefon (0 75 51) 9 49 93 70, Gruppen ganzjährig werktags um 9 Uhr, 11 Uhr, 13.30 Uhr und 15.30 Uhr nach Anmeldung unter Telefon (07 11) 9 73 22 09 und (0 75 51) 8 33 11 57*
- **Rollstuhl/Kinderwagen:** *nicht möglich*
- **Parken:** *an der Aufbereitungsanlage*
- **Auskunft:** *www.zvbwv.de*

Dem Himmel ganz nah

Auf dem Bussen

Seit je gilt der Bussen den Menschen im Oberland als ein besonderer Berg. Noch heute sehen sie in ihm ihr Identifikationssymbol, ein Denkmal der jahrtausendealten Geschichte der Region. Mit seinen 767 Metern überragt er die Umgebung zwar nur um gut zweihundert Meter. Aber nirgends sonst im weiten Umkreis kommt der Mensch dem Himmel so nah. »Heiliger Berg Oberschwabens« wird er genannt. Auch die Kelten schätzten die Höhe. Schon vor zweieinhalb Jahrtausenden unterhielten sie dort einen heiligen Ort. Der Keltenfürst selbst saß nicht auf dem Berg. Er residierte dreizehn Kilometer südwestlich des Bussen auf der »Heuneburg«. Von dort hatte er den Gipfel im Blick. Der langgestreckte, von Gletscherwasser abgeschliffene Berggrat zeigt Spuren früher Be-

siedlung. Auch Reste einer mittelalterlichen Burganlage verbergen sich hinter Baum und Strauch. Der Bergfried aus dem 14. Jahrhundert gehört heute dem Schwäbischen Albverein. Die Bergsilhouette wird geprägt von der Wallfahrtskirche mit ihrem spätgotischen Chor. Der Aufstieg vom Parkplatz zum Gipfel ist nur gut 300 Meter lang, aber recht steil. Oben entschädigt der kolossale Ausblick für die kurze Mühsal des Anstiegs. An guten Tagen scheint die Alpenkette ganz nah. Zu Füßen liegt dem Betrachter das weite Land rund um den Federsee.

- **Ort:** *Uttenweiler, Landkreis Biberach/BC*
- **Lage:** *5 Kilometer nordwestlich des Orts*
- **Öffnungszeiten:** *Bussenkirche tagsüber immer, der Bergfried ist von Mai bis Oktober frei zugänglich*
- **Rollstuhl/Kinderwagen:** *möglich, aber es geht ziemlich bergan*
- **Parken:** *in Offingen kurz vor dem Gipfel*
- **Auskunft:** *Gemeindeverwaltung Uttenweiler, Hauptstraße 14, 88524 Uttenweiler, Telefon (0 73 74) 92 06-0, www.gemeinde-uttenweiler.de*

Aus Württembergs Urgeschichte

Vorwärts in die Steinzeit

Auf dem Archäologiepfad

Ein Dutzend Wohnbauten, errichtet in der Technik stein- und bronzezeitlicher Baumeister, stehen im Freigelände hinterm Federseemuseum. Kein Eisennagel, kein Backstein wurde verwendet, nur Baumstämme als Tragwerk, Rinde und Borke zur Dachdeckung, Flechtwerk für Mauern, Lehm als Verputz. Im Steinzeitdorf ist aufgebaut worden, was verloren war, versunken im Federseemoor. Das erforderte phantasievolle, geistreiche Entwicklungsarbeit. Vieles musste völlig neu erarbeitet werden. Denn mit dem Ende der Steinzeitsiedlungen war das Wissen ihrer Baumeister verloren gegangen. Das neue Steinzeitdorf zeigt, wie das Leben der Menschen am Federsee vor 5000 Jahren ausgesehen haben könnte. Nun kostet allerdings der Besuch des Muse-umsdorfes Eintritt. Umsonst dagegen ist der Rundgang auf dem »Archäologischen Moorlehrpfad«. Der beginnt zwar auch am Museum, kann aber ohne Betreten des Steinzeitdorfs begangen werden. Er lehrt auf neun Kilometern eine Menge über 12 000 Jahre Menschheitsgeschichte am Federsee. Schautafeln und Rekonstruktionen im Gelände erklären die archäologischen Funde rund um Bad Buchau. Von der steinzeitlichen Siedlung im »Taubried« läuft der Weg über zwei ehemalige Bronzezeitsiedlungen zu einer eisenzeitlichen Fischfanganlage. Auch zum Naturschutz geben die Schautafeln Auskunft. Eine Aussichtskanzel erlaubt einen schönen Rundblick übers Federseeried.

- **Ort:** *Bad Buchau, Landkreis Biberach/BC*
- **Lage:** *südöstlich von Bad Buchau*
- **Öffnungszeiten:** *immer frei zugänglich*
- **Rollstuhl/Kinderwagen:** *möglich, auch für Radfahrer geeignet*
- **Parken:** *Wanderparkplätze an Oggelshauser Straße und L 275*
- **Auskunft:** *Federseemuseum, August-Gröber-Platz, 88422 Bad Buchau, Telefon (0 75 82) 83 50, www.federseemuseum.de*

Auf Moorpfaden

Zu den Torfstechern

Vor den Toren der Kurstadt Bad Wurzach dehnt sich eins der größten, weitgehend im Urzustand erhaltenen Hochmoore Mitteleuropas. Vor mehr als 20 000 Jahren war es ein großer See, den die geschmolzenen Gletscher der Eiszeit hinterlassen hatten, und der im Laufe der Jahrtausende verlandet war. Sumpfwälder entstanden, Nieder- und Hochmoore wuchsen heran. Dann kamen Menschen ins Moor, die den wassergetränkten Torf trockneten und als Brennstoff nutzten. Den Torf zu stechen, ihn aus der Grube zu befördern und in Stapeln aufzustellen bedeutete Schwerstarbeit für Generationen. Ein eineinhalb Kilometer langer Rundweg durch einen Teil des Wurzacher Rieds folgt der »Spur der Torfstecher«. Über federnde Moorwege, auf festen Holzbohlenstegen und gewundenen Sandpfaden geht's durch eine stille Ried-, Heide- und Moorlandschaft. Schienen, Schwellen und auch Weichen der einst für den Transport des Torfs angelegten Moorbahn liegen hier und da noch im Gelände, ebenso einige der typischen Torfloren. An einem Dutzend Schautafeln wird erklärt, wie das Moor entwässert, der Torf gestochen, getrocknet, abgefahren wurde. An ein paar Wochenenden im Jahr rollt die – kostenpflichtige – Museumsbahn der einstigen Torfstecher durchs Ried

- **Ort:** *Bad Wurzach, Landkreis Ravensburg/RV*
- **Lage:** *am nördlichen Stadtrand*
- **Öffnungszeiten:** *immer frei zugänglich*
- **Rollstuhl/Kinderwagen:** *nicht möglich*
- **Parken:** *Wanderparkplätze an der B 465*
- **Auskunft:** *Naturschutzzentrum Bad Wurzach, Rosengarten 1, 88410 Bad Wurzach, Telefon (0 75 64) 9 31 20, www.naturschutzzentren-bw.de und: Kurverwaltung Bad Wurzach, Mühltorstraße 1, Telefon (0 75 64) 30 21 50, www.bad-wurzach.de*

Vielfalt im Extremen

Im Burgermoos

Die Eiszeiten haben die oberschwäbische Landschaft geformt. Die von den Gletschern ausgeräumten Mulden und Senken liefen nach dem Abtauen der Eisberge vor mehr als 18 000 Jahren voll Wasser. Die Seen verlandeten, wurden zu Mooren, in denen später die Menschen das Heizmaterial Torf gewannen. Mit der Entwicklung neuzeitlicher Heizmethoden wurden die Torfstecher überflüssig. Im »Burgermoos«, wenig nördlich von Kißlegg im Westallgäu, wurde noch in den fünfziger Jahren des vorigen Jahrhunderts Torf gestochen. Manche Spuren der Torfstecher sind heute noch zu finden. In den Torfgruben steht dunkelbraunes Moorwasser. Die Trassen, auf denen einst die Schienen der Torfbahn lagen, sind zumeist erhalten. Bald nach Ende des Torfabbaus eingeleitete Schutzmaßnahmen haben das Burgermoos und seine Torfgruben weitgehend erhalten. Am südlichen Rand des Moors liegen noch Reste der Torffabrik, die aus dem wasserdurchtränkten Rohmaterial trockenen Brennstoff machte. Auf der Trasse, über die einst die Torfbahn ihre Loren zog, sind im Jahr 2008 Holzbohlen verlegt worden. Sie bilden jetzt einen viereinhalb Kilometer langen Rundweg. Dieser noch ganz neue Burgermoos-Rundgang ist als Naturerlebnispfad mit Mitmachstationen und Aktionsfeldern angelegt. Auf dem Gang durch die Tier- und Pflanzenwelt dieses Hochmoors zeigt sich die ganze Reichhaltigkeit von Flora und Fauna in einer Extremlandschaft.

■ **Ort:** *Kißlegg, Landkreis Ravensburg/RV*
■ **Lage:** *1 Kilometer nördlich von Kißlegg*
■ **Öffnungszeiten:** *immer frei zugänglich*
■ **Rollstuhl/Kinderwagen:** *nicht möglich*
■ **Parken:** *Parkplatz am Familienfreizeitgelände*
■ **Auskunft:** *Gäste- und Bürgerbüro Kißlegg, Neues Schloss, 88353 Kißlegg, Telefon (0 75 63) 93 61 42, www.kisslegg.de*

Naturbegegnungen

Ein »lebendiges« Museum

Als »lebendiges Museum« behandelt das »Naturkundliche Bildungszentrum« der Stadt Ulm Themen aus den Bereichen Mineralogie, Geologie, Paläontologie, Botanik, Zoologie und Ökologie. Anhand pädagogisch aufbereiteter Naturphänomene werden nahezu alle Sinne angesprochen, weil den Besuchern »Museumssachen« nicht nur gezeigt werden. Sie können sie hören, riechen, fühlen und auch sehen. Das Konzept baut auf gefühlsmäßiger Naturerfahrung auf, die über abwechslungsreiche Inszenierungen vermittelt wird. Sie machen sensibler für die Bedürfnisse anderer Lebewesen und wecken Verantwortungsgefühl für die Lebensgrundlagen. Es gibt freigestellte Ausstellungsstücke, die berührt, angefasst und untersucht werden sollen. Dem »Begreifen« mit den Händen folgt das geistige Begreifen. Ausstellungsbereiche sind Leben in Einklang mit der Natur, Strategien des Lebens, Problembereiche menschlichen Wirkens, Bau und Funktion, Tiere und ihre Lebensräume, Reise durch die Erdgeschichte, Mineralien der Ulmer Gegend. In der Museumswerkstatt ist Raum für pädagogische Aktionen wie die traditionelle »Osterausstellung mit lebenden Tieren« oder »Experimentieren für Jung und Alt« und Sonderausstellungen. Das Museum unterhält im Erd- und Untergeschoß sechs Ausstellungsräume.

- **Ort:** *Ulm, Stadtkreis Ulm/UL*
- **Lage:** *Stadtmitte*
- **Öffnungszeiten:** *Dienstag bis Freitag 10 bis 16 Uhr, Samstag, Sonn- und Feiertag 11 bis 17 Uhr*
- **Rollstuhl/Kinderwagen:** *bedingt möglich*
- **Parken:** *im Parkhaus im Stadtgebiet*
- **Außerdem:** *Eintritt frei mit Landesfamilienpass, für Kindergärten, Kinder bis 6 Jahre, zwei Begleitpersonen von Kindergartengruppen und Schulklassen*
- **Auskunft:** *Naturkundliches Bildungszentrum der Stadt Ulm, Kornhausgasse 3, 89073 Ulm, Telefon (07 31) 1 61 47 42, www.naturkunde-museum.ulm.de*

Große Steine

Neben der Autobahn

Auf den Rastplätzen Ettensweiler und Humbrechts an der Autobahn A 96 nahe Wangen im Allgäu lagern mächtige herausgebrochene, teils glattpolierte, teils kantig-raue Felsbrocken, hingeschafft von den Autobahnbauern. Findlinge sind es, die beim Bau der Autobahn in den siebziger Jahren des vorigen Jahrhunderts aus dem Boden geholt wurden. Sie sind die stummen Zeugen der geologischen Entwicklung der Landschaft zwischen Alpen und dem mittleren Oberschwaben. Bis in große Tiefen besteht der Untergrund aus mächtigen Gesteinsablagerungen, die aus den Alpen stammen. Die Suche nach den Herkunftsorten der großen Steine von Humbrechts und Ettensweiler führt mehr als zweihundert Millionen Jahre zurück in die Entstehung der Alpen. In den kalten Perioden schoben sich die Alpengletscher mehrmals weit nach Norden ins Voralpenland hinein. Dabei brachten sie auf ihrem breiten Eispanzerrücken riesige Gesteinsbrocken, auch ganze Bergstürze mit. Schmolzen diese Gletscher in wärmeren Phasen der Eiszeiten ab, blieb ihre mitgeführte steinerne Fracht zurück. In der nächsten Kälteperiode wurden neue Steine herangeführt. Untersuchungen an den 41 auf beiden Rastplätzen am westlichen Stadtrand Wangens lagernden Felsstücken ergaben, dass sie vom Rätikon-Hauptkamm ins Allgäu kamen – aus der Gegend zwischen Liechtenstein und der Silvretta also.

- **Lage:** *Autobahnrastplätze Ettensweiler und Humbrechts an der A 96*
- **Öffnungszeiten:** *immer frei zugänglich*
- **Rollstuhl/Kinderwagen:** *möglich*
- **Außerdem:** *ausführliche Erläuterungen auf den Schautafeln*
- **Auskunft:** *Regierungspräsidium Tübingen, Bauleitung Wangen, Lindauerstaße 21, 88239 Wangen, Telefon (0 75 22) 71 25 60, Reiner.Schmidt@RPT.BWL.DE*

Kunst der Eiszeit

Rund um Blaubeuren

Fließendes Wasser hat in die Felshänge rund um Blaubeuren zahlreiche Höhlen und Grotten gewaschen. Manche dienten jahrtausendelang Menschen und Tieren als natürliche Behausung. Vor mehr als 50 000 Jahren hielten sich in großen zeitlichen Abständen immer wieder Neandertaler in den Höhlen auf. Diese Urzeitmenschen lebten während der letzten Eiszeit hauptsächlich in Westeuropa und Nordafrika. Sie waren Jäger und Sammler ohne festen Wohnsitz. Als Vorfahren des heutigen Menschen kommen sie nicht in Betracht. Sie kannten schon das Feuer, schlugen rasierklingenscharfe Messer aus Feuerstein und bauten in der Höhle »Große Grotte« die erste nachgewiesene Mauer der Menschheitsgeschichte. Diesen Neandertalern folgten vor 40 000 Jahren moderne Menschen. Sie beschäftigten sich schon mit Kunst, schnitzten aus dem Elfenbein der Mammutstoßzähne kleine Figuren wie Wisent, Wildpferd, Mammut, Bär und auch menschenähnliche Gestalten. Tübinger Archäologen haben die Kunstwerke aus dem Untergrund der Blaubeurer Höhlen geborgen. Sie gelten als die ältesten Kunstwerke der Menschheit. Die Fundorte sind über einen Rundwanderweg verbunden. Im Urgeschichtlichen Museum Blaubeuren gibt es dazu kostenlos eine Wanderkarte mit Beschreibung der Fundstücke und der Fundorte. Der Rundweg kann in Abschnitte unterteilt werden.

■ **Ort:** *Blaubeuren, Alb-Donau-Kreis/UL*
■ **Lage:** *in den Steilhängen rund um die Stadt*
■ **Öffnungszeiten:** *manche Höhlen sind immer frei zugänglich, andere mit Eisengittern verschlossen, trotzdem gut zu überblicken*
■ **Rollstuhl/Kinderwagen:** *nicht möglich*
■ **Parken:** *in Blaubeuren oder nahe den Höhlen*
■ **Auskunft:** *Urgeschichtliches Museum, Karlstraße 2, 89143 Blaubeuren, Telefon (0 73 44) 92 86-0, www.urmu.de*

Rätselhafte Löcher

Die Heidenhöhlen

Heil euch verlaß'nen Heidenlöchern / Und euren felsichten Gemächern! / Der Herr von euch und Zitzenhausen, / Das ihr da unten immer mehr / Aufblühen seht zu seiner Ehr', / Stieg auch in eure öden Klausen.« Georg Geselius aus Celle in Niedersachsen dichtete so im März 1786 und schlug die insgesamt 22 Verszeilen auch gleich in römischer Monumentalschrift in die mächtige Felswand des Heidenbühlmassivs nördlich Stockach. Beiderseits des gefühlsbetonten Gedichts führen die genannten »Heidenlöcher« tief ins Felsgestein. Über Alter, Zweck und Entstehung der Höhlen sind unterschiedliche Vermutungen in Umlauf. Sicher ist nur, dass sie von Menschenhand in den relativ weichen Sandstein gemeißelt wurden. Manch einer führt sie bis in römische Vergangenheit zurück. Andere halten sie für Zu-

fluchtsstätten erster Christen in der Gegend. Ebenso gut könnte es sich um Verstecke von Anhängern heidnischer Kulte handeln oder um Notwohnungen in Friedens- und Fluchträume in Kriegszeiten. Auch an anderen Stellen im westlichen Bodenseegebiet kommen solche »Heidenhöhlen« vor. Im Überlinger Stadtteil Goldbach sind sie jedoch aus Sicherheitsgründen gesperrt, in Bermatingen bei Markdorf nur mit Führung zugänglich. Einzig im Stockacher Stadtteil Zizenhausen sind sie ein beliebtes Ausflugsziel. Sie liegen tief im Wald an einem einstündigen Rundwanderweg.

- **Ort:** *Stockach, Landkreis Konstanz/KN*
- **Lage:** *Heidebühlmassiv, nördlich von Stockach*
- **Öffnungszeiten:** *immer frei zugänglich*
- **Rollstuhl/Kinderwagen:** *nicht möglich*
- **Parken:** *am Ende des »Berlinger Wegs«*
- **Außerdem:** *Wanderzeit etwa eine Stunde, festes Schuhwerk, Taschenlampe für die Höhlen*
- **Auskunft:** *Stadt Stockach, Altes Forstamt, Salmannsweilerstraße 1, 78333 Stockach, Telefon (0 77 71) 80 23 00, www.stockach.de*

Besuch
im Schloss

Wuchtige Ruinenlandschaft

Auf Burg Ratzenried

Am 8. Mai 1632, auf dem Höhepunkt des Dreißigjährigen Kriegs, wurde Burg Ratzenried von schwedischen Truppen zerstört. Sie wurde nie wieder aufgebaut, wohl aber als preisgünstiger Steinbruch von den Menschen in der Umgebung genutzt. Jahrhundertelang überwucherte Gestrüpp und Strauchwerk die verbliebene Ruinenlandschaft. Burg Ratzenried geriet in Vergessenheit. Der am 2. Mai 1983 – fast auf den Tag genau 351 Jahre nach der Zerstörung der Burg – gegründete »Heimatverein Ratzenried« machte sich schließlich daran, die verbliebenen Reste zu sichern und vor dem

endgültigen Verfall zu bewahren. Große Teile des Mauerwerks dieser im frühen 12. Jahrhundert erbauten größten Dienstmannenburg des Allgäus sind dauerhaft konserviert. Türme, Brücken, Schanzen, Zwinger bedecken eine Fläche von mehr als 220 Metern in der Länge und gut 75 Metern in der Breite. Drei Brücken verbanden die drei Burgteile einst untereinander. Die »Herren von Ratzenried« werden um 1180 erstmals urkundlich genannt. Ihnen folgten die »Esel von Ratzenried«, die »Unrain von Ratzenried«, Johann von Molbrechtshausen, Konrad von Stegen. Es war ein ständiger Herrschaftswechsel, dem erst Josef Humpiß aus Ravensburg, Mitinhaber der großen Ravensburger Handelsgesellschaft, ein Ende machte. Er kaufte die Burg 1453 um 11 000 Gulden. Sie wurde im Dreißigjährigen Krieg zerstört und nicht wieder aufgebaut.

- **Ort:** *Argenbühl, Landkreis Ravensburg/RV*
- **Lage:** *südlich des Ortsteils Ratzenried, ausgeschildert*
- **Öffnungszeiten:** *immer frei zugänglich*
- **Rollstuhl/Kinderwagen:** *nicht möglich*
- **Parken:** *am Weg kurz vor der Burgruine*
- **Auskunft:** *Hans Knöpfler, Obere Halde 16, 88260 Ratzenried, Telefon (0 75 22) 52 82 oder 39 02, www.ratzenried.de, h.knoepfler@t-online.de*

Besuch vom Graumännlein

Auf Schloss Zeil

Auf Schloss Zeil, so wird erzählt, erscheint, sobald ein Mitglied der fürstlichen Familie stirbt, das Graumännlein. Es sei uralt, ganz klein von Gestalt, habe graue Haare und trage ein aschgraues Mäntelchen. Aus den unterirdischen Gewölben komme es herauf, gehe durch alle Gemächer und kehre danach dorthin zurück, woher es gekommen sei. Schloss Zeil wird 1123 erstmals genannt als Besitz der Grafen von Bregenz, später der Montforts. Seit 1337 gehört es den Truchsessen von Waldburg. Froben von Waldburg-Zeil ließ 1597 bis 1612 anstelle der früheren Burg das heutige Schloss als regelmäßige Vierflügelanlage mit Durchgang zum Innenhof errichten. Es wird von der fürstlichen Familie bewohnt und kann nicht besichtigt werden. Wohl aber haben Besucher Zutritt zum weitläufigen Schlosspark mit seinen Rasenflächen, Rosenbeeten und alten Baumbeständen. Den Innenhof beherrscht eine Brunnenanlage, die von der Geschichte des Hauses Waldburg berichtet und bedeutende Vertreter des Adelsgeschlechts abbildet. Von der Schlossterrasse, dem Standort der ersten Burg, bietet sich ein imposanter Ausblick auf die Leutkircher Heide, das Westallgäu und das Alpenpanorama. Am Hang unterhalb der Terrasse wird ein Rudel Damwild gehalten. Die Pfarrkirche Mariä Himmelfahrt außerhalb des Schlossparks wurde gleichzeitig mit dem Schloss errichtet.

- **Ort:** *Schloss Zeil*
- **Lage:** *5 Kilometer nordwestlich von Leutkirch im Allgäu, Landkreis Ravensburg/RV*
- **Öffnungszeiten:** *Schlosspark, Innenhof, Kirche, Aussichtsplattform tagsüber frei zugänglich*
- **Rollstuhl/Kinderwagen:** *möglich*
- **Parken:** *Parken am Schloss*
- **Außerdem:** *Anfahrt über Unterzeil*
- **Auskunft:** *Stadtverwaltung Leutkirch, Kultur und Tourismus, Marktstraße 32, 88299 Leutkirch im Allgäu, Telefon (0 75 61) 8 71 54, www.leutkirch.de*

Luftfahrtgeschichte

Im Neuen Schloss

Das Neue Schloss bestimmt gemeinsam mit dem Alten Schloss und weiteren ehemals fürstbischöflichen Bauten wesentlich die Meersburger Stadtsilhouette, wie sie sich vor allem vom Bodensee aus bietet. Errichtet wurde das Neue Schloss von 1710 bis 1712 auf einer älteren Gartenterrasse östlich des Alten Schlosses, wurde aber zunächst nur als Verwaltungsgebäude genutzt. Erst von 1741 bis 1743 wurde es zur repräsentativen fürstbischöflichen Residenz ausgebaut. Erste Künstler der Zeit wurden beteiligt. Der bedeutende Architekt Balthasar Neumann entwarf das große Treppenhaus und die Kapelle. Der Bildhauer Joseph Anton Feuchtmayer und der Freskant

Gottfried Bernhard Goez schufen die prachtvolle Dekoration. Die Deckenbilder im Treppenhaus und im Festsaal malte Giuseppe Appiani, die Stukkaturen entwarf Carlo Pozzi. Mit der Säkularisation 1803 fiel der fürstbischöfliche Besitz ans spätere Großherzogtum Baden. Heute belegt die Residenz der einstigen Fürstbischöfe die Beletage des Neuen Schlosses. Im ersten Obergeschoss präsentiert die städtische Galerie vor allem Gemälde zur »Bilderbuchstadt« Meersburg. Das dort außerdem eingerichtete Dornier-Museum zeigt die Geschichte der Luftfahrt und des Mannes, der selbst Luftfahrtgeschichte mitgeschrieben hat: Claude Dornier. Das Schlossmuseum ist im zweiten Obergeschoss untergebracht.

- **Ort:** *Meersburg, Bodenseekreis/FN*
- **Lage:** *im Neuen Schloss*
- **Öffnungszeiten:** *Ende März bis Anfang November, täglich 10 bis 13 Uhr und 14 bis 18 Uhr*
- **Rollstuhl/Kinderwagen:** *möglich*
- **Parken:** *außerhalb der Altstadt*
- **Auskunft:** *Meersburg Tourismus, Kirchstraße 4, 88709 Meersburg am Bodensee, Telefon (0 75 32) 44 04 00, www.meersburg.de*

Zweifache Blütezeit

In Gotik und Barock

Die 1134 gegründete Zisterzienserabtei Salem ist eines der bedeutendsten Baudenkmäler in der Bodenseeregion. Kloster und Schloss bilden einen einzigartigen, in sich geschlossenen Gebäudekomplex und geben ein Bild vom Reichtum der Klostervorsteher. Wie kaum eine zweite Anlage verbindet die ehemalige Abtei gotische Würde mit barocker Eleganz. Das gotische Münster erinnert an Salems Blütezeit im Mittelalter. In der Barockzeit ließen die Äbte die Klosterräume mit prachtvollen Stukkaturen und Malereien ausstatten. Die Anlage erlebte gleichsam ihre zweite Blüte. Mit der Säkularisation im frühen 19. Jahrhundert fiel der gesamte Komplex an den Großherzog von Baden, der damit für den Verlust seiner linksrheinischen Besitzungen entschädigt wurde. Im Jahr 1926 gründete Prinz Max von Baden gemeinsam mit Kurt Hahn die »Internationale Schule Schloss Salem«. Da der Unterhalt sich auf Dauer kaum mehr finanzieren ließ, wurde der größte Teil 2009 ans Land Baden-Württemberg verkauft. Weite Bereiche der Anlage sind Besuchern zugänglich. Münster und Innenräume werden in der Regel nur zu Führungen geöffnet. Museen wie der Marstall und die Schmiede, das Feuerwehrmuseum, der historische Torkel von 1706 mit Küfereimuseum und der neu angelegte Schauweinberg können ohne Führung besucht werden.

- **Ort:** *Salem, Bodenseekreis/FN*
- **Lage:** *westlich der Gemeinde Salem*
- **Öffnungszeiten:** *Ende März bis Anfang November, täglich 10 bis 13 Uhr und 14 bis 18 Uhr*
- **Rollstuhl/Kinderwagen:** *möglich*
- **Parken:** *außerhalb der Altstadt*
- **Außerdem:** *Eintritt frei nur mit Landesfamilienpass*
- **Auskunft:** *Schloss Salem, 88682 Salem, Telefon (0 75 53) 8 14 37, www.salem.de*

Wie im Mittelalter

Auf Burg Hohenklingen

Die mittelalterliche Burg Hohenklingen bildet das Wahrzeichen der Schweizer Kleinstadt Stein am Rhein. Der Blick vom Turm ist einzig. Drunten liegt die Stadt mit Gassen, Plätzen und dem Mauerring. Der Rhein zieht vom Bodensee heran, umspült ein paar Inseln, rauscht an Stein vorüber und verschwindet aus dem Blickfeld. Die Burg wurde im 12. Jahrhundert zunächst als Holzbau angelegt. Bald darauf entstanden erste massiv gebaute Teile mit Umfassungsmauer, Palas und Rittersaal. Das heutige Aussehen erhielt Hohenklingen 1422, als es in den Besitz von Stein am Rhein kam. Im 17. und 18. Jahrhundert verfiel die Anlage zu großen Teilen. Im späten 19. Jahrhundert wurde sie als Baudenkmal umfassend saniert. Zugleich wurde die Gastwirtschaft eingerichtet und die Zufahrt angelegt. Noch heute bildet die Burg auf dem Bergsporn oberhalb von Stein am Rhein einen langgestreckten, engen Baukomplex. Die Silhouette aus Dächern und Mauern entspricht dem Ausbau zwischen 1200 und 1422. Dachstühle und Balkenlagen sind fast ausschließlich aus Eichenholz und zwischen 1211 und 1422 datiert. Seit der Sanierung vor wenigen Jahren führt der Aufgang zum Turm nicht mehr zwingend durch das Restaurant, sondern über den Osthof und die Wehrgänge.

- **Ort:** *Stein am Rhein, Schweiz/CH*
- **Lage:** *auf dem Klingen,*
- **Öffnungszeiten:** *Dienstag bis Samstag 10 bis 23 Uhr, Sonntag 10 bis 18 Uhr*
- **Rollstuhl/Kinderwagen:** *möglich*
- **Parken:** *vor der Burg*
- **Außerdem:** *vom Parkplatz führt ein Fußpfad am Waldrand zu einem Aussichtspunkt. Die Klingenwiese ist ein wunderbarer Platz zum Spielen mit mehreren Grillplätzen*
- **Auskunft:** *Burg Hohenklingen, CH-8260 Stein am Rhein, Klingenstraße 1, Telefon (00 41) 5 27 41 21 37, www.burghohenklingen.ch*

In den Ruin gebaut

Schloss Montfort

Von 1260 bis 1780 residierten in Tettnang die Grafen von Montfort. Die einflussreiche und anfangs wohlhabende Familie hatte ihren Namen nach dem Stammschloss Montfort bei Götzis im österreichischen Vorarlberg, ist also nicht französischer Herkunft. Bis ins späte 18. Jahrhundert waren die Montforts das bedeutendste Hochadelsgeschlecht der Bodenseeregion. Sie unterhielten Wohnsitze in Bregenz, Tettnang, Langenargen, Feldkirch. Dem Bauboom des Barock schlossen sie sich begeistert an und bauten, bis ihr gesamtes Vermögen aufgebraucht war. In Tettnang besaß das Geschlecht das mittelalterliche Torschloss, später die Burg,

die 1633 niederbrannte. Ein Neubau wurde errichtet, heute das Alte Schloss genannt. Das Neue Schloss entstand ab 1713. Nach fünfzehnjähriger Bauzeit war es immer noch nicht fertig, Bauherr Graf Anton III. aber bankrott. Der Bau brannte 1753 aus. Der Wiederaufbau wurde begonnen, aber nie nach den ursprünglichen Plänen abgeschlossen. Wegen der aufgehäuften Schulden fiel die Grafschaft Montfort an Österreich. Das Adelsgeschlecht selbst erlosch 1787. An der Ausstattung des Tettnanger Schlosses arbeiteten die besten Kräfte der Zeit – unter ihnen berühmte Namen wie der Baumeister Christoph Gressinger, die Stukkatoren Joseph Anton Feichtmayer und Andreas Moosbrugger,

die Freskanten Franz Martin Kuen und Andreas Brugger.

■ **Ort:** *Tettnang, Bodenseekreis/FN*
■ **Lage:** *Schlossstraße, am Rand der Altstadt*
■ **Öffnungszeiten:** *Park, Treppenhäuser, Korridore tagsüber frei zugänglich*
■ **Rollstuhl/Kinderwagen:** *teilweise möglich*
■ **Parken:** *auf dem Besucherparkplatz*
■ **Außerdem:** *Besuch der Gemächer nur frei mit Landesfamilienpass*
■ **Auskunft:** *Tourist-Info-Büro TIB, Montfortstraße 41, 88069 Tettnang, Telefon (0 75 42) 95 25 55, www.tettnang.de*

Hüter des Reichsschatzes

Die Waldburg

Schon 1147 wird die »Waldburg« schriftlich genannt. Die Stauferkaiser hielten viel von dem auf der Burg residierenden Geschlecht. Sie statteten es mit dem Truchsessenamt aus, dem höchsten Posten im Reich. Im frühen 13. Jahrhundert verwahrten sie auf der gut gesicherten Waldburg den Reichsschatz und ließen ihn von Prämonstratensermönchen hüten. Die Anlage bietet eine grandiose Aussicht von oben und einen einzigartigen Anblick von unten. Eine richtige Festung ist die Waldburg nie gewesen. Ihre Lage auf dem hohen, spitzen Berggipfel machte sie nahezu unangreifbar. Deshalb gibt es hier auch keinen Bergfried, der auf anderen Burgen den Bewohnern als Schutz und notfalls letzter Zufluchtsort diente. Die Truchsessen von Waldburg waren sich ziemlich sicher, dass ihnen auf der Höhe kaum Gefahr drohte. Allerdings ist die Burg mehrfach von Bränden heimgesucht worden. Ihr Hauptgebäude, der Palas, ist heute als Museum eingerichtet. Im ersten Stockwerk liegt der Rittersaal. Das zweite Obergeschoss zeigt Bilder und Trophäen von Jagd und Pferden, in der dritten Etage wird das Haus Waldburg in seinen beiden Linien Waldburg-Wolfegg und Waldburg-Zeil im 19. Jahrhundert dargestellt. Vom fürstlichen Schlafzimmer im zweiten Obergeschoss führt ein schmaler Gang innerhalb der Mauer direkt zur Burgkapelle.

- **Ort:** *Waldburg, Landkreis Ravensburg/RV*
- **Öffnungszeiten:** *Anfang April bis Ende Oktober täglich außer Montag 10 bis 17 Uhr*
- **Rollstuhl/Kinderwagen:** *nicht möglich*
- **Parken:** *im Ort*
- **Außerdem:** *Eintritt frei nur mit Landesfamilienpass*
- **Auskunft:** *Bürgermeisteramt Waldburg, Gästeamt, Hauptstraße 20, 88289 Waldburg, Telefon (0 75 29) 97 17 10, www.gemeinde-waldburg.de*

Reise
zur Kunst

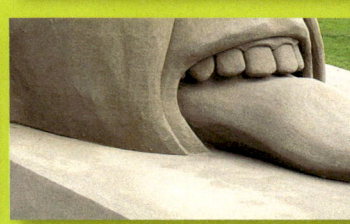

Der fliegende Mönch

Im Bibliothekssaal

Der barocke Bibliothekssaal der Prämonstratenserabtei Schussenried wurde 1761 fertiggestellt. Er bildet den Höhepunkt der Klosteranlage. Die Bibliothek leuchtet in Weiß und Gold. In zwei Etagen reihen sich die Bücherschränke und ein riesiges Kuppelfresko überwölbt den Raum. Eine kaum überschaubare Fülle antiker Gestalten und Ereignisse, ergänzt um Figuren und Geschichten der frühen Neuzeit und des Barock, hat der Freskant Franz Georg Hermann seinem Auftraggeber Abt Nikolaus Kloos auf die Bibliotheksdecke gemalt. Unter den Gestalten fällt ein sonderbares Detail auf – ein Mönch mit Flügeln. Er heißt Kaspar Mohr, war Pater im Kloster und hatte schon im 16. Jahrhundert ein Fluggerät entwickelt. Damit wollte er vom Schlafsaal der Mönche über den Klostergarten hinweg in die zwei Wegstunden entfernte Pfarrgemeinde Otterswang fliegen. Der Abt verbot ihm solch gotteslästerliches Tun. Kaspar Mohr flog nicht nach Otterswang. Sein Flugapparat ging im Dreißigjährigen Krieg verloren. Der ganze Inhalt des Deckengemäldes dient der Verherrlichung des göttlichen Wirkens in Kunst, Technik und Wissenschaft.

- **Ort:** *Bad Schussenried, Landkreis Biberach/BC*
- **Lage:** *im Klosterkomplex neben der Pfarrkirche St. Martin*
- **Öffnungszeiten:** *April bis Oktober: Dienstag bis Freitag 10 bis 13 Uhr und 14 bis 17 Uhr, Samstag, Sonn- und Feiertag 10 bis 17 Uhr. November bis März: Samstag, Sonn- und Feiertag 13 bis 16 Uhr*
- **Rollstuhl/Kinderwagen:** *möglich*
- **Parken:** *Parkplatz vor der Klosterpforte und am Neuen Kloster*
- **Außerdem:** *Eintritt frei nur mit Landesfamilienpass*
- **Auskunft:** *Neues Kloster Bad Schussenried, Neues Kloster 1, 88427 Bad Schussenried, Telefon (07 31) 5 02 89 75, www.schloesser-und-gaerten.de, www.kloster-schussenried.de*

Kunst im Herbst

Der Erntedankteppich

Feldfrüchten zu feiern, ist uralt und reicht weit in vorchristliche Zeit zurück. Das erste christliche Erntedankfest ist fürs dritte Jahrhundert überliefert. Obwohl es kein Kirchenfest ist, hat die Deutsche Bischofskonferenz 1972 den Erntedanktag auf den ersten Sonntag im Oktober gesetzt. Manche evangelische Gemeinde bevorzugt den Michaelstag am 29. September oder einen der Sonntage in seiner Nähe. Die am Ende des 18. Jahrhunderts errichtete Rokokopfarrkirche in Otterswang bildet gemeinsam mit dem barocken Pfarrhaus ein malerisches Ensemble. Das ganze Kirchenschiff wird zu Erntedank reich mit Früchten, Pflanzen, Blüten, Bändern geschmückt. Eine Augenweide.

Gut fünfhundert Stunden arbeiten Otterswanger Frauen am Früchteteppich, der alljährlich zum Erntedankfest in der Pfarrkirche St. Oswald ausliegt. Für das Kunstwerk werden nur Samen und Körner verwendet, keinerlei Farbaufträge. Das jährlich neu angelegte Bild wirkt allein über die natürliche Färbung der verwendeten Früchte. Echt sind auch Eier und Obst, die den Rahmen bilden. Im Erntedankteppich werden biblische Ereignisse oder Gestalten der Kirche dargestellt. Als Untergrund des Früchtebildes dient eine Platte mit den Umrissen des dargestellten Ereignisses. Der Brauch, im frühen Herbst Erntedank mit den

■ **Ort:** *Bad Schussenried-Otterswang, Landkreis Biberach/BC*
■ **Lage:** *Altarraum der Pfarrkirche St. Oswald*
■ **Öffnungszeiten:** *tagsüber von Erntedank bis Ende Oktober*
■ **Rollstuhl/Kinderwagen:** *möglich*
■ **Parken:** *im Ort*
■ **Außerdem:** *an Wochenenden oft viele Besucher*
■ **Auskunft:** *Familie Felder, Telefon (0 75 25) 87 61 oder (0 75 83) 22 40 oder (0 75 83) 25 42*

Das Treppenhaus

Im Schloss

Vor langen Jahren, erzählen sich die Leute am Rand des Wurzacher Rieds, hat, wo heute das Moor ist, eine große Stadt gelegen. Mit Mann und Maus, mit Kind und Kegel sei sie eines Tags im Erdboden versunken. Das rotbraune Moorwasser in den Gruben des Rieds seien die Tränen der Menschen, die dort einst gelebt hätten. Am Rande des Moors steht heute die Kurstadt Bad Wurzach, die sich bescheiden, aber auch ein wenig selbstbewusst »die kleine Residenz am Ried« nennt. Mitten im Ort steht das 1723 bis 1728 von Graf Ernst Jakob von Waldburg-Zeil-Wurzach errichtete Neue Schloss. Die Dreiflügelanlage kann nicht besichtigt werden. Wohl aber steht das im Verhältnis zur Größe des Schlosses einzigartige Treppenhaus im Mittelpavillon des Gebäudes Besuchern offen. Es zählt zu den schönsten Bauwerken seiner Art in ganz Süddeutschland. Vielfach gewunden schwingt sich die Treppe säulchen- und balustradengeschmückt durch drei Stockwerke. Architektur, Gemälde, Stuck finden schließlich im Deckenfresko zusammen. Es bildet den griechischen Heldengott Herakles ab, wie er im goldenen, von Rössern gezogenen Wagen das Himmelsgewölbe befährt. Im Treppenhaus selbst erzählen weitere

Bilder von der Heraklessage. Nicht bekannt ist bis heute der Barockbaumeister, der dies großartige Treppenhaus geplant und gebaut hat. Die Bilder stammen von Piero Scotti, der um 1730 auch Deckengemälde im Schloss Ludwigsburg geschaffen hat.

- **Ort:** *Bad Wurzach, Landkreis Ravensburg/RV*
- **Lage:** *Stadtmitte*
- **Öffnungszeiten:** *täglich von 8 bis 12 Uhr und von 14 bis 18 Uhr*
- **Rollstuhl/Kinderwagen:** *möglich*
- **Parken:** *im Stadtgebiet*
- **Auskunft:** *Kurverwaltung Bad Wurzach, Mühltorstraße 1, Telefon (0 75 64) 30 21 50, www.bad-wurzach.de*

Das Götzenheuslin

Im Kloster

Herzog Christoph von Württemberg war sauer. Sein Vater hatte 1534 mit Einführung der Reformation im Herzogtum das Kloster Blaubeuren aufheben lassen. Nun besuchte dreißig Jahre später der Sohn die in der Blaubeurer Abtei eingerichtete evangelische Klosterschule und fand dort immer noch »die vill altar und abgöttisch bilder samt dem götzenheuslin«. Er ordnete an, sie »solden hinweg gethan werden«. Diese herzogliche Weisung hat der evangelische Schulvorsteher Abt Matthäus Alber allerdings nicht beherzigt. Blaubeurens Hochaltar blieb, wo ihn siebzig Jahre zuvor Abt Heinrich Fabri vom Ulmer Schreinermeister Jörg Syrlin hatte aufstellen lassen. Dort steht er noch heute – ein Meisterwerk, ein Wunder an Farbigkeit, Glanz und mitreißender Inszenierung. Dieser Hochaltar wird in einem Atemzug mit Werken großer Altarbauer wie Veit Stoß, Michael Pacher, Tilman Riemenschneider genannt. Abt Alber rettete so eine der mächtigsten Schöpfungen schwäbischer Altarbaukunst des ausgehenden 15. Jahrhunderts. Die gesamte Klosteranlage Blaubeuren präsentiert sich noch heute nahezu wie am Ende des Mittelalters. Sowohl die Gänge, Flure, Korridore, der Chorraum, der Kreuzgang, das Brunnenhaus, der Kapitelsaal, die Sakristei als auch der Klostergarten sind fast unverändert geblieben.

- **Ort:** *Blaubeuren, Alb-Donau-Kreis/UL*
- **Öffnungszeiten:** *von Palmsonntag bis Allerheiligen täglich 9 bis 18 Uhr, sonst Montag bis Freitag 14 bis 16 Uhr, Samstag, Sonntag, Feiertag 11 bis 16 Uhr. Der Klosterhof ist ständig frei zugänglich*
- **Rollstuhl/Kinderwagen:** *möglich*
- **Parken:** *im Stadtgebiet*
- **Außerdem:** *Eintritt frei nur mit Landesfamilienpass*
- **Auskunft:** *Evangelisches Seminar, Klosterhof 2, 89143 Blaubeuren, Telefon (0 73 44) 96 26 10, www.seminar-blaubeuren.de*

79 Quadratmeter Kunst

Am Heiligen Grab

Drei Wochen vor Ostern wird in der Dietenheimer Pfarrkirche St. Martinus das »Heilige Grab« aufgestellt. Die das Jahr über unterm Kirchendach lagernden Einzelteile werden heruntergeholt und im Chor zusammengefügt. Die Konstruktion, die in der letzten Phase der kirchlichen Fastenzeit den ganzen Altarraum ausfüllt, misst neun mal achteinhalb Meter und ist vier Meter tief. Die Vorderseite des Bauwerks wird mit einer 75 Quadratmeter großen Leinwand verhängt, die in 45 Einzelszenen und Symbolen die Leidensgeschichte des Religionsstifters Jesus Christus zeigt. Auch Propheten und andere Gestalten des Alten Testaments der Bibel sind abgebildet. Etwa in der Mitte der Leinwand ist eine Öffnung gelassen für die eigentliche, mit farbigen Lichtern ausgestaltete

Grabsituation. Der Brauch, Heilige Gräber aufzustellen, reicht ins hohe Mittelalter zurück. Die oft prunkvoll ausgestatteten Hochaltäre wurden zur Fastenzeit mit Leintüchern verhängt. In der Passionszeit sollten, wenn schon der Magen wegen des Fastens Hunger litt, auch die Augen auf Schönes, auf den Anblick von Gold und Silber verzichten. Die Leintücher wurden später mit christlichen Symbolen und Figuren bemalt und bestickt. Das Volk nannte sie »Hungertücher«. In der Barockzeit kamen die eindrucksvolleren »Heiligen Gräber« in Mode. Dietenheims Kunstwerk wurde erstmals 1727 aufgebaut.

- ■ **Ort:** *Dietenheim, Alb-Donau-Kreis/UL*
- ■ **Lage:** *Pfarrkirche St. Martinus, Stadtmitte*
- ■ **Öffnungszeiten:** *tagsüber immer frei zugänglich*
- ■ **Rollstuhl/Kinderwagen:** *möglich*
- ■ **Parken:** *im Stadtgebiet*
- ■ **Außerdem:** *Beschreibung am Schriftenstand*
- ■ **Auskunft:** *Katholisches Pfarramt St. Martinus, Königstraße 88, 89165 Dietenheim, Telefon (0 73 47) 74 30, www.drs.de/index.php?id=11956*

Prachtvolle Gewänder

In der Barockkrippe

In geschickter Handarbeit haben die Zisterzienserinnen im Kloster Gutenzell vor gut 300 Jahren eine der figurenreichsten Barockkrippen Süddeutschlands geschaffen. Sie wird, obwohl die Abtei nicht mehr besteht, alljährlich zu Weihnachten in der ehemaligen Klosterkirche aufgebaut. Die in prachtvolle Gewänder gehüllten Engel und Hirten, Könige, Musikanten und Priester sind gut einen halben Meter hoch. In sieben Einzelszenen stellen mehr als 200 Figuren das Geschehen um Christi Geburt nach. Hirten eilen zum Stall. Maria und Josef fliehen mit dem Jesuskind nach Ägypten. Der »Kindermord von Bethlehem« ist dargestellt. Auf der »Hochzeit zu Kana« geht's fröhlich her mit Orchester, Festtafel, Weinwunder. Die »Anbetung der Könige« im Stall ist die prächtigste aller Szenen. Auf gut zwanzig Quadratmetern bevölkern Könige, Diener, Engel mit Krönchen das Bild, dazu Maria und Josef mit dem Kind. Pferde sind dabei. Ein Elefant mit Korkenzieherbeinen und kurios verdrehtem Rüssel stapft durchs Bild. Diese herrliche Szene besteht seit 1704. Die Abtei wurde in der Säkularisation aufgelöst und fiel an das Königreich Württemberg. Von der Klosteranlage selbst sind nur die Kirche, ein Wohntrakt und der Gästebau erhalten. Das Äußere des Gotteshauses hat fast unverändert seine mittelalterliche Form bewahrt. Im Innern wurde dem romanisch-gotischen Kern ein heller farbiger Rokokoschmuck aufgesetzt. Ein Modell im rechten Seitenschiff zeigt die Klosteranlage im Jahr 1765.

- **Ort:** *Gutenzell, Landkreis Biberach/BC*
- **Lage:** *Klosterkirche*
- **Öffnungszeiten:** *von 26. Dezember bis 2. Februar tagsüber immer frei zugänglich*
- **Rollstuhl/Kinderwagen:** *möglich*
- **Parken:** *im Klostergelände*
- **Auskunft:** *Krippenbetreuer Karl Linder, Kleinser Berg 12, 88484 Gutenzell, Telefon (0 73 52) 12 00*

Vergängliche Kunst

Das Sandskulpturenfestival

Seit dem Jahr 1999 lädt die Schweizer Stadt Rorschach alljährlich für eine Woche im August zum »Internationalen Sandskulpturenfestival«. Da werden erst mal 200 Tonnen leicht lehmhaltiger Sand auf die Wiese vor dem »Café Arion« gekippt. Zehn Gruppen treten zum Wettbewerb an. Aus nichts weiter als feuchtem Sand machen sie binnen einer Woche wunderbare Kunstwerke. Zum Bau der oft phantastisch skurrilen Skulpturen reisen überwiegend »Carver« (von englisch

»to carve« = schnitzen, meißeln) aus den Niederlanden an. Dort blüht die Kunst des »Sandburgenbaus«. Aber auch Gruppen aus England und Nordamerika sind regelmäßig dabei, aus Russland, Lettland, Mexiko, Bulgarien, Spanien, sogar aus der Mongolei waren schon Carver gekommen. Den Künstlern wird ein Thema wie »Zirkus, Zwerge, Zigeuner« oder »In 80 Welten an einem Tag« vorgegeben, an dem sie ihre Kreativität ausleben können. Es kann dabei zugeschaut werden, wie aus dem grauen Sand märchenhafte Skulpturen entstehen. Nach einer Woche wird der Sieger des Wettbewerbs gekürt. Die Skulpturen bleiben jeweils bis Mitte September stehen und sind frei zugänglich, soweit Dauerregen sie nicht vorzeitig dahinschmelzen lässt.

- **Ort:** *Rorschach, Schweiz/CH*
- **Lage:** *Arionwiese am Bodenseeufer*
- **Öffnungszeiten:** *frei zugänglich von August bis Mitte September*
- **Rollstuhl/Kinderwagen:** *möglich*
- **Parken:** *im Stadtgebiet*
- **Auskunft:** *Tourist-Information Rorschach, Hauptstraße 63, CH-9401 Rorschach, Telefon (00 41) 7 18 41 70 34, www.tourist-rorschach.ch, www.sandskulpturen.ch*

Alexander der Große

Im Benediktinerkloster

Im Jahr 1093 haben die Brüder Hartmann und Otto von Kirchberg Kloster Wiblingen gegründet. Ihr barockes Erscheinungsbild erhielt die Abtei im frühen 18. Jahrhundert. Außerhalb der Klostermauern liegt der frei zugängliche, ebenfalls ummauerte Lustgarten. Die 1783 als letzter bedeutender Kirchenbau Oberschwabens geweihte Abteikirche gilt wegen ihrer Innenausstattung als einzigartiges Kunstwerk des frühen Klassizismus. Der 1744 fertiggestellte und vom erst 25 Jahre alten Franz Martin Kuen mit einem großartigen Deckenfresko versehene Bibliothekssaal bildete bis zur Aufhebung des Klosters ein prunkvolles Gehäuse für die umfangreiche Büchersammlung. Bei genauem Hinsehen ist Maler Kuen im Bild zu finden, wie er mit Zopf und im weißblauen Malerhemd Alexander dem Großen über die Schulter schaut. Nachdem 1805 wegen der Säkularisation die Benediktiner das Kloster geräumt hatten, bewohnte es bis 1822 Herzog Heinrich von Württemberg, Bruder des regierenden württembergischen Königs Friedrich. Später wurde der Gebäudekomplex als Kavalleriekaserne genutzt. Heute ist der südliche Teil des Konventbaus städtisches Altenheim, der nördliche Klostermuseum.

- **Ort:** *Ulm, Stadtkreis Ulm/UL*
- **Lage:** *Stadtteil Wiblingen*
- **Öffnungszeiten:** *Klosterkirche St. Martin tagsüber immer frei zugänglich, Barockbibliothek 1. April bis 31. Oktober: Dienstag bis Sonntag und Feiertage 10 bis 17 Uhr, 1. November bis 31. März: Samstag, Sonn- und Feiertage 13 bis 16 Uhr, nur mit Führung*
- **Rollstuhl/Kinderwagen:** *möglich*
- **Parken:** *außerhalb des Klosterhofs*
- **Außerdem:** *Eintritt frei nur mit Landesfamilienpass*
- **Auskunft:** *Kloster Wiblingen, Schlossstraße 38, 89079 Ulm-Wiblingen, Telefon (07 31) 5 02 89 75, www.kloster-wiblingen.de*

Architek-Tour

Musizierende Engel

In der Pfarrkirche

dem Betrachter ein seltenes Gesamtbild aus romanischen und gotischen Bauelementen, ergänzt mit barocken Ausstattungsteilen. Von besonderem Reiz sind die Relieftafeln mit den pummeligen, eifrig musizierenden Englein am westlichen Ende der Seitenschiffe. Die überlebensgroße Figur des Christophorus in der Vorhalle zur Kirche wurde um 1490 in der Ulmer Werkstatt des Bildhauers Michel Erhart geschnitzt. Der Glockenturm neben dem Chor der Kirche stammt aus dem späten 12. Jahrhundert. Seine oberen Stockwerke wurden im 17. und 18. Jahrhundert mehrfach verändert.

Die Pfarrkirche St. Magnus in Bad Schussenried wurde 1185 bis 1230 als Klosterkirche der Prämonstratenser errichtet. Dieser dreischiffigen spätromanischen Pfeilerbasilika wurde ein Vierteljahrtausend später ein gotischer Chor angefügt. Im frühen 18. Jahrhundert kam in diesen Raum ein reich ausgestattetes barockes Chorgestühl. Stuckornamente und Fresken, die der Kirchenmaler Johannes Zick 1744 bis 1746 an Decken und Wänden der Kirche aufgebracht hat, ergänzen die Barockausstattung im Langhaus. Die Bilder zeigen Szenen aus dem Leben Norberts von Xanten, Gründer des Prämonstratenserordens im frühen 12. Jahrhundert. Auch die Kirchenheiligen Magnus und Augustinus sind abgebildet. Die Kirche zeigt

- ■ **Ort:** *Bad Schussenried, Landkreis Biberach/BC*
- ■ **Lage:** *im Kloster*
- ■ **Öffnungszeiten:** *Tagsüber immer frei zugänglich, Gottesdienste Sonntag 9 Uhr und 10.30 Uhr*
- ■ **Rollstuhl/Kinderwagen:** *möglich*
- ■ **Parken:** *Parkplatz vor der Klosterpforte und am Neuen Kloster*
- ■ **Außerdem:** *Klostermuseum in der Kirche gegen Gebühr*
- ■ **Auskunft:** *Tourist-Information Bad Schussenried, Wilhelm-Schussen-Straße 36, 88427 Bad Schussenried, Telefon (0 75 83) 94 01 71, www.bad-schussenried.de*

Der Ochs als Kuckuck

In der Klosterorgel

Unverhofft war der Bauer beim Pflügen seines Ackers auf eine vergrabene Kiste gestoßen. Sie enthielt goldenes und silbernes Kirchengerät, dazu auch Messgewänder. Die Grundherrschaft ließ an der Stelle des Schatzfunds ein Kloster bauen und gab ihm, weil ein Ochs den Pflug gezogen hatte, den Namen Ochsenhausen. So erzählt es die Legende. Ein erstes Kloster in Ochsenhausen war bereits im 10. Jahrhundert zerstört worden. Der Neubau wurde 1093 geweiht, die Klosterkirche im 15. Jahrhundert neu errichtet. Ab 1725 wurde ihr Langhaus verlängert, das Innere mit Stuckornamenten barock ausgestattet – ein Glanzstück der »Oberschwäbischen Barockstraße«. Die Fresken an der Mittelschiffdecke erzählen die Geschichte des Klosters. Die Orgel, an der Joseph Gabler im frühen 18. Jahrhundert fast zehn Jahre lang gebaut hat, gilt als eines der großartigsten Instrumente Süddeutschlands. Während des Orgelspiels tritt gelegentlich ein kleiner hölzerner Ochse aus dem Orgelprospekt hervor und ruft »Kuckuck«. Vom 26. Dezember bis 2. Februar ist im linken Seitenschiff eine figurenreiche Barockkrippe aufgestellt. Das Kloster wurde in der Folge der Säkularisation 1803 aufgelöst. Heute nutzt die Landesmusikakademie die weitläufigen Anlagen.

- **Ort:** *Ochsenhausen, Landkreis Biberach/BC*
- **Öffnungszeiten:** *von 1. April bis 31. Oktober: Montag bis Freitag 9 bis 17 Uhr, Samstag 10 bis 12 Uhr und 13 bis 17 Uhr, Sonn- und Feiertag 13 bis 17 Uhr (außer an Konzerttagen)*
- **Rollstuhl/Kinderwagen:** *möglich*
- **Parken:** *im Klostergelände*
- **Auskunft:** *Städtisches Verkehrsamt, Marktplatz 1, 88416 Ochsenhausen, Telefon (0 73 52) 92 20 26, www.ochsenhausen.de*

Drei Kirchen

Auf einer Insel

Seit November 2000 steht die Klosterinsel Reichenau im Bodensee komplett auf der Welterbeliste der UNESCO. Damit würdigen die Vereinten Nationen die »reiche Au« als herausragendes Zeugnis für die religiöse und kulturelle Rolle ihres Benediktinerklosters im Mittelalter. Drei romanische Kirchen belegen mit ihren Wandmalereien die Bedeutung der Bodenseeinsel für die europäische Kunstgeschichte im 10. und 11. Jahrhundert. Missionsbischof Pirmin gründete im Jahr 724 auf der Insel ein erstes Kloster. Es entwickelte sich zu einem der geistigen und kulturellen Zentren des Heiligen Römischen Reichs. Die Klostervorsteher besetzten hohe Positionen unter den karolingischen und ottonischen Herrschern. Die Reichenau zählte neben Fulda und St. Gallen zu den bedeutendsten Klöstern des Mittelalters. Die drei tausendjährigen Reichenauer Kirchen überliefern den Geist jener Zeit. Das Münster St. Maria und Markus als ehemalige Kloster- und heutige Pfarrkirche, deren älteste Teile 816 geweiht wurden, beeindruckt mit seiner dreischiffigen Basilika, dem gewaltigen Dachstuhl und der reichen Schatzkammer. Die Kirche St. Georg ist berühmt wegen ihrer monumentalen Wandmalereien des 10. Jahrhunderts. Die 799 geweihte Kirche St. Peter und Paul weist ebenfalls romanische Wandmalereien auf und eine prächtige Orgel.

- ■ **Ort:** *Bodenseeinsel Reichenau, Landkreis Konstanz/KN*
- ■ **Öffnungszeiten:** *tagsüber immer frei zugänglich, für St. Georg sind im Hochsommer Sonderregelungen möglich, Nachfragen in der Tourist-Information*
- ■ **Rollstuhl/Kinderwagen:** *möglich*
- ■ **Parken:** *auf ausgewiesenen Stellplätzen*
- ■ **Auskunft:** *Tourist-Information Reichenau, Pirminstraße 145, 78479 Insel Reichenau, Telefon (0 75 34) 9 20 70, www.reichenau.de*

Das Herz der Stadt

Im barocken Klosterbezirk

Der Klosterbezirk St. Gallen, der auf ein 720 vom alemannischen Priester Othmar gegründetes Benediktinerkloster zurückgeht, gehört seit 1983 zum Weltkulturerbe der UNESCO. Othmar erbaute die Abtei an dem Platz, auf dem rund 150 Jahre zuvor der irische Mönch Gallus eine erste Klause angelegt hatte. Die Abtei wurde eins der kulturellen Zentren des hohen Mittelalters. Diese »Goldene Zeit« endete mit der Einäscherung der Anlagen durch die Ungarn im 10. Jahrhundert. Die Abtei wurde wieder aufgebaut und erlebte eine neue kurze Blütezeit, die im späten 11. Jahrhundert zu Ende ging. Klosterkirche und Bibliothek wurden ab 1755 neu errichtet. Der barocke Bibliothekssaal zählt mit denen in Schussenried und Wiblingen zu den kostbarsten der Region Oberschwaben und Bodensee. Er verwahrt rund 150 000 Bücher und gut 2000 Handschriften, von denen rund 400 älter sind als 1000 Jahre. Auch das älteste deutsche Buch wird dort aufbewahrt, ein lateinisch-deutsches Wörterbuch der Zeit um 790. Die 1766 fertiggestellte Stiftskirche ist einer der letzten monumentalen Sakralbauten des Spätbarock. Die Ostkrypta mit dem Kern aus dem 9. Jahrhundert soll das Grab des heiligen Gallus

enthalten. In der Westkrypta sind der Klostergründer Othmar und die St. Galler Bischöfe bestattet. Die barocke Klosteranlage bildet das Herz der Stadt St. Gallen.

- **Ort:** *St. Gallen, Schweiz/CH*
- **Lage:** *Stadtzentrum*
- **Öffnungszeiten:** *Klosterbezirk, Stiftskirche immer frei zugänglich, Bibliothek gegen Gebühr*
- **Rollstuhl/Kinderwagen:** *möglich*
- **Parken:** *im Stadtgebiet*
- **Auskunft:** *St. Gallen-Bodensee Tourismus, Bahnhofplatz 1a, CH-9001 St. Gallen, Telefon (00 41) 7 12 27 37 37, www.st.gallen-bodensee.ch*

Kunst des Mittelalters

Im Ulmer Münster

Besucher des Ulmer Münsters staunen zuerst über Höhe und Weite des Raums. Deutschlands größte Kirche ist 124 Meter lang, fünfzig Meter breit und knapp 42 Meter hoch. Nach und nach entdeckt der Betrachter die im »Bildersturm« von 1531 verschonten Kunstwerke: das 1474 eingebaute Chorgestühl, den Altar von 1521, die Glasfenster aus der Zeit um 1400. Auf der Südseite des Chors liegt die Bessererkapelle mit der Jahreszahl 1414 über dem Eingang. Am Chorbogen ist das Fresko des »Jüngsten Gerichts« von 1471 erhalten als größtes mittelalterliches Wandbild nördlich der Alpen.

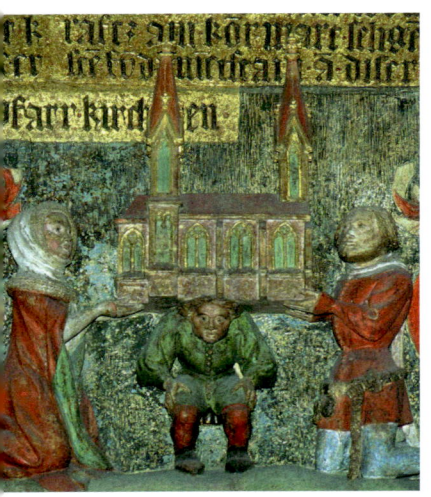

Der dritte Langhauspfeiler von vorn trägt das Gründungsrelief. Es zeigt, wie Bürgermeister Lutz Krafft und seine Ehefrau am 30. Juni 1377 dem Baumeister Heinrich Parler das Modell der neuen Kirche und damit die Verantwortung für das Gelingen des Bauwerks aufluden. Nachdem 166 Jahre lang am Münster gebaut worden war, stellte die protestantisch gewordene Stadt die Arbeiten ein. Erst um 1890 wurden der Westturm und die beiden Chortürme zur vorgesehenen Höhe aufgeführt. Mit gut 161 Metern ist der Münsterturm seither der höchste Kirchturm der Welt. Zum Kranzgesims in 148 Metern Höhe führen 786 Wendeltreppenstufen. Im Turm hängen 13 Glocken mit einem Gewicht von 22 Tonnen. Ins Münster führen fünf große Portale mit steinernen Bogenfeldern, auf denen hunderte Figuren von biblischen Ereignissen berichten.

- **Ort:** *Ulm, Stadtkreis Ulm/UL*
- **Lage:** *Stadtmitte*
- **Öffnungszeiten:**
Sommer von 9 bis 19.45 Uhr,
Winter von 9 bis 16.45 Uhr
- **Rollstuhl/Kinderwagen:**
möglich
- **Parken:** *im Parkhaus*
am Rathaus

■ **Außerdem:** *Das Münster ist frei zugänglich, die Besichtigung des Turmes kostenpflichtig*

■ **Auskunft:** *Münstergemeinde Ulm, Münsterplatz 21, 89073 Ulm, Telefon (07 31) 37 99 45 13, www.muenster-ulm.de*

»Schwäbischer St. Peter«

Auf dem Martinsberg

Auf dem Martinsberg oberhalb der Weingartener Altstadt steht weithin sichtbar die »Basilika St. Peter und Paul«, eine Hallenkirche des Barock. An die Wände gerückte mächtige Pfeiler gliedern die Längsseiten des Kirchenbaus und kennzeichnen so eine Wandpfeilerkirche. Das Gotteshaus wurde von 1715 bis 1724 an der Stelle einer älteren Kirche erbaut. Es bildet den Mittelpunkt einer ausgedehnten Klosteranlage und gilt als größte Barockkirche nördlich der Alpen. In Anspielung auf ihre dem Petersdom im Vatikan nachempfundene mächtige Kuppel wird sie auch als »schwäbischer St. Peter« bezeichnet. Die Geschichte der Kirche reicht ins 10. Jahrhundert zurück, als der Welfenherzog Heinrich hier ein Frauenkloster gründete. Der heutige Kirchenbau ist mit seiner vorgewölbten Fassade, den seitlichen Glockentürmen und der hohen Kuppel auf Fernwirkung ausgerichtet. Dabei kommt ihm die Lage hoch über der Stadt und dem Schussental zugute. Im Innern besticht die reiche Stuckausstattung des mehr als hundert Meter langen Kirchenschiffs. Die Kuppel schwingt sich zu 66 Metern Höhe hinauf. Die Orgel baute – wie auch in Ochsenhausen – Joseph Gabler. Die Gemälde an den Decken und in der Kuppel erzählen vom Benediktinerorden, von Jesus Christus und seiner Mutter Maria, von Heiligen und von der Weingartener Heilig-Blut-Reliquie.

- **Ort:** *Weingarten, Landkreis Ravensburg/RV*
- **Lage:** *in der Stadtmitte auf dem Martinsberg*
- **Öffnungszeiten:** *tagsüber immer frei zugänglich*
- **Rollstuhl/Kinderwagen:** *möglich*
- **Parken:** *im Stadtgebiet*
- **Auskunft:** *Amt für Kultur und Tourismus, Münsterplatz 1, 88250 Weingarten, Telefon (07 51) 40 52 32, www.weingarten-online.de*

Freude
in Barock

Kostbarer Stuckmarmor

In der Schlosskirche

Offiziell trägt Friedrichshafen seinen Namen erst seit dem 27. Juli 1811. König Friedrich von Württemberg hatte die ehemals Freie Reichsstadt Buchhorn mit dem 1085 gegründeten und 1805 aufgehobenen Benediktinerinnenkloster Hofen zusammengelegt und der so entstandenen Stadt seinen Namen gegeben. Zugleich betrieb der König mit der Anlage der Friedrichstraße den Ausbau der zwischen beiden Ortsteilen gelegenen »Neustadt«. Das mit der Säkularisation ans Königreich Württemberg gefallene Kloster Hofen wurde zum Schloss ausgebaut. Die benachbarte ehemalige Kloster- und heutige Pfarrkirche hat in den Jahren 1695 bis 1701 der Vorarlberger Baumeister Christian Thumb an der Stelle der im Dreißigjährigen Krieg zerstörten mittelalterlichen Vorgängerkirche errichtet. Wie die Klosterkirchen in Obermarchtal und Weingarten weist auch Hofens Abteikirche das Vorarlberger Wandpfeilerschema auf. Das einschiffige Langhaus begleiten Altäre und über ihnen liegende Emporen. Die von der Wessobrunner Familie Schmuzer in kraftvollen Formen entwickelte Stuckdekoration wurde nach Kriegsschäden wiederhergestellt. Die Barockkanzel besticht in der vorzüglichen Farbgebung ihres kostbaren Stuckmarmors. Das aus edlen Hölzern gefertigte doppelreihige Chorgestühl weist reiches

Schnitzwerk auf. Der erst 1711 auf-
gestellte Hochaltar steht raumhoch
vor der fensterlosen Ostwand des
Chors.

- **Ort:** *Friedrichshafen,
Bodenseekreis/FN*
- **Lage:** *neben dem (nicht
zugänglichen) Schloss*

- **Öffnungszeiten:** *tagsüber
immer frei zugänglich*
- **Rollstuhl/Kinderwagen:**
möglich
- **Parken:** *an der Schlosskirche*
- **Auskunft:** *Tourist-Information
Friedrichshafen, Bahnhofplatz 2,
88045 Friedrichshafen,
Telefon (0 75 41) 30 01 16,
www.friedrichshafen.info*

Schwäbische Schöpfung

In barocker Klosterwelt

»Ei, Herr Pfarrer«, hob das schwäbische Bäuerlein an, »ich habe oft gehört, dass Gott für jeden Menschen täglich eine Maß Wein erschaffen habe. Ich bekomme aber diesen nicht. Ich weiß auch nicht, wer ihn trinkt.« Worauf der Pater antwortet: »Auch ich habe oft gehört, dass Gott für jeden Mann ein Weib erschaffen habe. Ich will Euch die Sache erklären. Ihr habt mein Weib, und ich trinke Eueren Wein.« Dem dieser Schabernack einfiel, heißt Sebastian Sailer, war Prämonstratensermönch in Obermarchtal, lebte von 1714 bis 1777 und hat wunderbare Geschichten und Theaterstücke erfunden, darunter »Die schwäbische Schöpfung« und »Die sieben Schwaben«. Dieser Mönch muss sich in Obermarchtal

von Herzen wohlgefühlt haben. Wenig nur hat sich in den Jahrhunderten seither geändert. Durch die Klosterpforte führt der Weg noch immer. Mit dem Bau der doppeltürmigen Kirche wurde 1685 begonnen. Vier Jahre später stürzten beide Türme ein. Nach ihrem Wiederaufbau zur Höhe von 72 Metern wurde die Kirche 1701 geweiht. Sie ist ein typisches Beispiel der Vorarlberger Bauschule. Das Innere wird vom in verschwenderischer Fülle aufgebrachten Stuck geprägt. Er verleiht dem Raum Rhythmik, gliedert ihn und fasst ihn zusammen. Auch die weitere Ausstattung ist beachtenswert. In jeder von den Wandpfeilern gebildeten Nische steht ein Altar. Überall schweben Putten und geflügelte Engelsköpfchen um Heiligenfiguren und Altaraufbauten.

- **Ort:** *Obermarchtal, Alb-Donau-Kreis/UL*
- **Lage:** *am nördlichen Ortsrand*
- **Öffnungszeiten:** *tagsüber frei zugänglich*
- **Rollstuhl/Kinderwagen:** *möglich*
- **Parken:** *vor der Klosterpforte*
- **Auskunft:** *Kirchliche Akademie, Klosteranlage 2/1, 89611 Obermarchtal, Telefon (0 73 75) 95 91 00, www.kadlom.de*

Tödliches Missgeschick

Ein Abt als Baumeister

» **E**s pflegen nämlich die Architekten oft blauen Dunst vorzumachen«, hielt der Schreiber der Prämonstratenserabtei Mönchsrot in der Chronik fest, »und in der Kunst, zu der sie sich bekennen, sehr wenig zu verstehen.« Unter solchen Umständen lag es nahe, die Sache selbst in die Hand zu nehmen. Abt Willebold Held hatte sich vorgenommen, seinem Kloster eine neue Kirche zu bauen. Also scharte er, statt nach Baumeistern Ausschau zu halten, seinen Küchenmeister, den Klosterschreiner, den Keller- und einen Maurermeister um sich. Gemeinsam entwarfen sie die Baupläne und legten 1783 den Grundstein für den Kirchenneubau. Noch im selben Jahr stürzte das Chorgewölbe ein. Sechs Arbeiter fanden den Tod. Nun wurde der »Kurtrierische Bau- und Verschönerungsdirektor« Januarius Zick zu Hilfe gerufen. Er war soeben mit der Klosterkirche in Wiblingen bei Ulm fertig geworden und führte nun auch die Bauarbeiten in Mönchsrot zu Ende, das heute Rot an der Rot heißt. Die Kirche, ein Wandpfeilersaal ähnlich dem achtzig Jahre älteren in Obermarchtal, steht am Übergang des Barock zum Klassizismus. Die Stuckausschmückung besorgte der Münchner Hofstukkator Franz Xaver Feichtmayr. Zick selbst malte in klarer, übersichtlicher Komposition die Deckenbilder. Die Chorfresken schuf in etwas altertümlicher Manier Meinrad von Au. Die Orgeln baute Johann Nepomuk Holzhay aus Mindelheim.

- **Ort:** *Rot an der Rot, Landkreis Biberach/BC*
- **Öffnungszeiten:** *frei zugänglich von 8 bis 18 Uhr*
- **Rollstuhl/Kinderwagen:** *möglich*
- **Parken:** *an der Kirche*
- **Auskunft:** *Katholisches Pfarramt St. Verena, Verenastraße 7, 88430 Rot an der Rot, Telefon (0 83 95) 93 69 90, www.praemonstratenser.de*

Tierchen aus Gips

Schönste Dorfkirche der Welt

Als im Jahr 1733 die Wallfahrtskirche in Steinhausen nach fünfjähriger Bauzeit geweiht wurde, war ihr Bauherr Abt Didakus Ströbele schon nicht mehr Amt. Er hatte seinem Baumeister Dominikus Zimmermann und dessen Bruder Johann Baptist nachgesehen, dass die Baukosten explodierten. Sie überstiegen am Ende den Kostenvorschlag um mehr als das Dreifache. Der Prämonstratenserorden jagte Ströbele deswegen aus dem Dienst und schickte ihn – mit einer kleinen Rente ausgestattet – ins Elsass. Ströbele und die Zimmermanns haben ein wunderbares Kunstwerk hinterlassen. Der bedeutende Kunsthistoriker Georg Dehio merkt an: »Diesem Bau gebührt kraft der geistreichen Erfindung und der künstlerischen Darstellungsmittel einer der ersten Plätze in der süddeutschen Architektur des 18. Jahrhunderts.« Das Kirchenschiff bildet ein Oval, dem der Chor als weiteres Oval quer vorgelegt ist. Den Brüdern Zimmermann gelang ein grandioser fließender Übergang von der Architektur über die plastische Dekoration in die Deckenmalerei. Dieses leichte, fast schwerelos wirkende Ineinandergreifen von Notwendigem und Dekorativem verleitet dazu, Steinhausens Gotteshaus die »schönste Dorfkirche der Welt« zu nennen. Im weiten Rund des Innenraums sind – als liebenswertes Detail – zwei Dutzend Tierfiguren wie Elster, Wiedehopf, Spinnen, Eichhörnchen, dazu ungezählte Blumen- und Pflanzenmotive als Wandschmuck verstreut.

- **Ort:** *Steinhausen, Landkreis Biberach/BC*
- **Lage:** *Ortsmitte*
- **Öffnungszeiten:** *täglich 7.30 bis 18.30 Uhr, Gottesdienst: Sonn- und Feiertag 10.15 Uhr*
- **Rollstuhl/Kinderwagen:** *möglich*
- **Parken:** *im Ort*
- **Auskunft:** *Tourist-Information Bad Schussenried, Wilhelm-Schussen-Straße 36, 88427 Bad Schussenried, Telefon (0 75 83) 94 01 71, www.bad-schussenried.de*

Ein süßer Fratz

In der Wallfahrtskirche Birnau

Der »Honigschlecker« vergnügt sich am süßen Inhalt eines Bienenkorbs. Am rechten Seitenaltar schwebt der himmlische Imker, von Bienen umschwirrt, ohne Furcht. Der süße Fratz repräsentiert eine ganze Region, wohl die lieblichste im Bodenseeraum – den Linzgau. Eine Gegend zum Honigschlecken. Den Namen hat sie vom Alemannenstamm der Lentienser. Dessen erster Gaugraf saß in Buchhorn, dem heutigen Friedrichshafen. Später zerfiel der Gau in einen österreichischen und einen fürstenbergischen Teil sowie in viele kleine lokale Partikel weltlicher und kirchlicher Herrschaften. Ordnung brachte 1803 der Reichsdeputationshauptschluss, der den Linzgau dem Markgrafen von Baden überwies. Die Gebietsreform in den siebziger Jahren des vorigen Jahrhunderts gab den Linzgau an den Bodenseekreis und machte ihn somit württembergisch. Zwischen Immenstaad und Uhldingen aber gedeiht weiterhin badischer Wein. In dieser Landschaft liegt in prachtvoller Lage hoch über dem Bodensee die Marienwallfahrtskirche Birnau. Georg Dehio wertet sie im »Handbuch der Deutschen Kunstdenkmäler« als »herausragendes Kunstwerk, einen Höhepunkt und Inbegriff des süddeutschen Rokoko«. Dazu hat der Holz-, Stuck- und Steinbildhauer Joseph Anton Feuchtmayer mit dem Honigschlecker nicht wenig beigetragen.

- **Ort:** *Uhldingen-Mühlhofen, Bodenseekreis/FN*
- **Lage:** *an der B 31*
- **Öffnungszeiten:** *ganzjährig tagsüber geöffnet*
- **Rollstuhl/Kinderwagen:** *möglich*
- **Parken:** *Parkplatz an der Klosterkirche*
- **Außerdem:** *kostenlose Führung donnerstags Mai bis September, 15 Uhr, für Einzelbesucher, Gruppen müssen sich anmelden*
- **Auskunft:** *Zisterzienserpriorat Birnau, Maurach 5, 88690 Uhldingen-Mühlhofen, Telefon (0 75 56) 9 20 30, www.kloster.mehrerau.at/birnau/birnau/html*

Abrahams Sippe

In der schönsten evangelischen Dorfkirche Oberschwabens

In einer der ältesten evangelischen Gemeinden Oberschwabens, der Kirchengemeinde Wain, bilden dreißig Kinder den Flötenkreis. Gemeinsam mit dem Kirchen- und dem Posaunenchor beleben sie Gottesdienste und Gemeindeleben. Kinder spielten früh eine Rolle in der Gemeinde. Die Exulantentafel in der Michaelskirche hält den Auszug der evangelischen Familien aus Arriach in Kärnten im 17. Jahrhundert im Zuge der habsburgischen Gegenreformation bildlich fest. Die vielen Kinder, die den Weg mitgehen, sind nicht zu übersehen. Doch die Kärntner gehen nicht allein auf dieser Tafel. Abraham und seine Familie gehen nebenher. Seine Aufbruchsgeschichte wird zur Geschichte der österreichischen Exulanten. Als die Freie Reichsstadt Ulm ihnen damals Wain als neue Heimat anbot, ließen sie sich 1650 in jenem »Gelobten Land« nieder. Die Zugezogenen fühlten sich schnell heimisch in »Bethlehem«, wie sie ihre neu errichtete Siedlung nannten. Und schnell wurde die alte gotische Kirche zu klein. Denn kinderlieb blieben die Wainer Neubürger auch nach der Umsiedlung. So entstand 1688, nach dem Abriss der alten Kirche, die »schönste evangelische Dorfkirche Oberschwabens«. Sie vereint evangelischen Barock und evangelische Tauftheologie. Kinderlieb sind die Wainer noch heute. Höhepunkt ist jedes Jahr das Kindermusical der Kinderkirche zu Weihnachten. Denn Bethlehem liegt auch in Oberschwaben.

- **Ort:** *Wain, Landkreis Biberach/BC*
- **Lage:** *Ortsmitte*
- **Öffnungszeiten:** *Schlüssel im evangelischen Pfarramt, Kirchstraße 16*
- **Rollstuhl/Kinderwagen:** *möglich*
- **Parken:** *Parkplatz an der Kirche*
- **Auskunft:** *Evangelisches Pfarramt Wain, Kirchstraße 16, 88489 Wain, Telefon (0 73 53) 34 85, www.evkirche-bc.de*

Von
Menschen

Haarspalterei

Beim Bürstenmacher

Armin Karle treibt Haarspalterei – er übt einen der ältesten Handwerksberufe der Menschheit aus. Karle ist Bürstenmacher, der letzte in Baden-Württemberg. Besucher erfahren von ihm alles über die Bürstenmacherei. Sie lernen, dass Bürsten schon vor Jahrtausenden genauso hergestellt wurden wie heute. Archäologische Ausgrabungen fördern Bürsten zutage, die oft – aus Elfenbein gefertigt – aus hochherrschaftlichem Haus stammen. Für Bürsten werden vornehmlich Schweinsborsten, Ziegen-, Pferde- und Dachshaare verwendet. Dem Bürstenmacher ist genau auf die Finger zu schauen, um den Arbeitsgang zu begreifen. Der Bürstenrohling ist mit Dutzenden Löchern durchbohrt. Ein dünner Messingdraht wird durchs erste Loch gesteckt, ein Bündel Haare in der Mitte draufgelegt, worauf der Draht wieder durchs Loch geführt und angezogen wird. Das Büschel steckt. Der Draht wird ins nächste Loch geführt. An der fertigen Bürste sind die Drähte nicht zu sehen, weil ein Deckel draufgeklebt wird. Karle stellte 2007 den größten Besen der Welt her – sechs Meter breit mit elf Meter langem Stiel und 1800 Bohrungen für die Borsten – und wurde damit ins Guinness-Buch der Rekorde eingetragen. Haarspalterei ist nötig, um manche Haare feiner zu machen, als die Natur sie liefert. Diese Arbeit lässt Karle allerdings von einer kleinen Maschine verrichten.

- **Ort:** *Bad Schussenried, Landkreis Biberach/BC*
- **Lage:** *in der Klosteranlage*
- **Öffnungszeiten:** *Dienstag bis Donnerstag von 9 bis 12 Uhr und von 13.30 bis 17.30 Uhr*
- **Rollstuhl/Kinderwagen:** *möglich*
- **Parken:** *Parkplatz vor der Klosterpforte und am Neuen Kloster*
- **Außerdem:** *Gruppen werden gebeten, sich anzumelden*
- **Auskunft:** *Liane Scharnefski-Karle, Bürstenmanufaktur, Klosterhof 13/1, 88427 Bad Schussenried, Telefon (0 75 83) 92 67 36, www.buerstenmanufaktur.de*

Kunst für Autofahrer

An der Raststätte Illertal-Ost

Auf der Ostseite der Autobahn 7 ragen gut dreißig Kilometer südlich von Ulm sonderbare Gebilde in den oberschwäbischen Barockhimmel. Der österreichische Maler und Innenarchitekt Herbert Maierhofer hat der Autobahnraststätte Illertal-Ost einen Hauch von Orient übergestülpt. Aus dem Dach wachsen über Fachwerk und wellig-buckligen Fassaden windschiefe, verdrehte und unsymmetrisch aufgesetzte Türmchen heraus. Rastende Autofahrer haben die seltsamen Attribute mit Namen bedacht wie »Eistüte«, »Maiskolben«, »Sahnehäubchen«. Diese aus dem Rahmen fallende Raststätte wurde 1997 eröffnet. Ihre Architektur bildet einen krassen Gegensatz zu den meisten Rasthäusern. Vor dem Eingang hat Maierhofer ein wasserspeiendes Ungeheuer postiert, zu dem sich im Halbkreis auf Podesten alle zwölf Tierkreiszeichen gesellen. Der muntere Spuk setzt sich im Innern der Raststätte farbenfroh auf bunten Fliesen, mit pfiffigen Textbildern, Designertoiletten und gewundenen Treppenaufgängen heiter fort. Am Rand der oberschwäbischen Landschaft, direkt auf der württembergisch-bayerischen Landesgrenze, hat Künstlerarchitekt Maierhofer griechische Antike mit ostasiatischer Ideenwelt vereint. Seine »Kunstraststätte«, argumentiert der Künstler, spiegele den globalen Vereinigungsgedanken wider, der sich tagtäglich in dem multikulturellen Leben auf den Autobahnen zeigt.

- **Ort:** *Dettingen, Landkreis Biberach/BC*
- **Lage:** *Ostseite der A7, nach der Ausfahrt 126 Dettingen*
- **Öffnungszeiten:** *immer frei zugänglich*
- **Rollstuhl/Kinderwagen:** *möglich*
- **Parken:** *an der Kunstraststätte*
- **Auskunft:** *Kunstraststätte Illertal-Ost, 88451 Dettingen/Iller, Telefon (0 73 54) 9 32 20, www.illertal.com und: Herbert Maierhofer, Schulgasse 12, A-8190 Birkfeld, Telefon (00 43) 31 74 49 60, www.planung-kunst.at*

75

Geheimsache Rezeptur

Im Schoggiland

Das Unternehmen Maestrani im knapp zehntausend Einwohner großen Schweizer Ort Flawil macht seit mehr als 150 Jahren Schokolade. »Wir sind leidenschaftliche Chocolatiers, die täglich Groß und Klein mit süßen Köstlichkeiten erfreuen«, beschreiben die Schokoladenmacher ihre »Genussphilosophie«. An der Krongasse in Luzern eröffnete Ludovico Aquilino Maestrani 1852 sein erstes Schokoladengeschäft mit Süßigkeiten, die er selbst herstellte. Bald zog er mit dem Betrieb nach St. Gallen. Dort blieb das Unternehmen bis zum Jahr 2003. Im hundertfünfzigsten Jahr seines Bestehens bezog Maestrani den Fabrikneubau in Flawil. Mehr als zehn Prozent seiner ganz unterschiedlichen Schokoladesorten produziert Maestrani, wie der Chocolatier selbst angibt, mit biologisch angebauten und Fair-Trade-Rohstoffen. Für das Deutsche Unternehmen »Rapunzel Naturkost« in Legau im Allgäu macht er Schokolade aus hundert Prozent biologischem Anbau. Maestrani bietet in seinem »Schoggiland« (kostenpflichtige) Führungen vor allem für Familien an. Umsonst allerdings ist die Besuchergalerie, die auch einen guten Rundblick in die Produktionsräume und auf den Ablauf der Schokoladeherstellung gewährt. Das genaue Verhältnis, in dem Kakaobohnen aus den verschiedenen Herkunftsländern der Erde bei Maestrani gemischt werden, erfährt der Besucher weder auf einer Führung noch auf der Galerie. Die Rezeptur ist Geheimsache.

■ **Ort:** *Flawil, Schweiz/CH*
■ **Lage:** *Toggenburger Straße 41*
■ **Öffnungszeiten:** *Montag bis Freitag 9 bis 12 Uhr und 14 bis 18 Uhr, Samstag 9 bis 12 Uhr*
■ **Rollstuhl/Kinderwagen:** *möglich*
■ **Parken:** *vor der Fabrik*
■ **Auskunft:** *Schoggiland, Toggenburger Straße 41, CH-9230 Flawil, Telefon (00 41) 7 12 28 38 88, www.maestrani.ch*

WELT-MENSCHEN

erzählen Geschichten

Hier und da am Bodensee begegnet der Kulturbetrachter bunt bemalten Kunstobjekten. An der »Schiffslände« auf der Insel Reichenau steht eine ganze Schar, am »Sea Life« in Konstanz eine Dreier-Gruppe. Weitere WELT-MENSCHEN besetzen öffentliche wie private Plätze. Entsprungen sind sie der Ideenwelt des Konstanzer Künstlerpaars Stragapede-Didra. Seit 1970 führen Enzo Stragapede, im italienischen Bari geboren, und die Konstanzerin Ursula Stragapede-Didra ihr Atelier in Konstanz. Enzo Stragapedes »gemalte Geschichten« lassen immer menschliche Wesen, oft Menschengruppen, erkennen. Gesichter und Figuren durchziehen die Bilderwelt. Ursula Stragapede-Didras Werke zeigen den souveränen Umgang mit Farben und Formen. Ihre Figuren sind eher nur zu erahnen. Weltoffene Haltung und natürliches Wesen sind in den Arbeiten beider Künstler erkennbar. Der Betrachter findet seine eigene Geschichte in den Werken wieder. Kunstfreunde, denen die Wege ans Sea Life oder zur Schiffslände zu weit oder unbequem sind, können getröstet sein. Sie besuchen das Künstlerpaar in ihrer »galeria il punto« an der Hohenhausgasse 12/Ecke Zollernstraße in der Konstanzer Altstadt. Auch Stragapedes jüngstes Kunstprojekt vom Jahr 2009, ihr malerisch umgestaltetes Atelier und Wohnhaus in 78464 Konstanz, Rauhgasse 6, lohnt einen Besuch.

- **Ort:** *Konstanz, Landkreis Konstanz/KN*
- **Lage:** *galeria il punto, Hohenhausgasse 12/Ecke Zollernstraße*
- **Öffnungszeiten:** *Dienstag bis Freitag 14 bis 19 Uhr, Samstag von 10.30 bis 16 Uhr*
- **Rollstuhl/Kinderwagen:** *möglich*
- **Parken:** *im Stadtgebiet*
- **Auskunft:** *Enzo Stragapede und Ursula Stragapede-Didra, Hohenhausgasse 12/Ecke Zollernstraße, 78462 Konstanz, Telefon (0 75 31) 28 42 75 oder 6 17 26, www.stragapede-didra.de*

Zeit der Besinnung

Auf dem Judenfriedhof

Laupheim wies im 19. Jahrhundert zeitweilig die größte jüdische Gemeinde im Königreich Württemberg auf. Ihre Mitglieder haben den Ort mitgeprägt. Manche wurden berühmt, haben den Namen der Stadt in die Welt getragen. Unter ihnen Kilian von Steiner, einer der bedeutendsten Bankiers des 19. Jahrhunderts, dem Württembergs König den persönlichen Adel verlieh. Friedrich Adler war Professor an der Hamburger Kunstgewerbeschule, ehe er in Auschwitz ermordet wurde. Carl Laemmle, der mit 17 Jahren nach Amerika aufbrach, wurde einer der Pioniere Hollywoods, gründete die Universal-Filmgesellschaft, drehte Filme wie »Dracula« und »Frankenstein«. Der Nationalsozialismus vernichtete Laupheims jüdische Gemeinde. Erhalten sind eine Reihe denkmalgeschützter Häuser aus jüdischem Besitz und der mehr als 250 Jahre alte Friedhof auf dem Judenberg, wo 1730 die erste jüdische Ansiedlung entstanden war. Der »Gute Ort«, wie Juden ihren Friedhof nennen, zählt rund 1200 Grabstellen und etwa 1000 erhaltene Grabsteine mit deutschen und hebräischen Inschriften. Der älteste Stein trägt die kaum mehr entzifferbare Jahreszahl 1740. Nicht nur Namen und Lebensdaten weisen die jahrhundertealten Grabsteine auf. Sie geben auch Hinweise auf Lebensgeschichte und Charaktereigenschaften der Verstorbenen. Der Friedhof ist ein kulturgeschichtliches Denkmal von außerordentlicher Bedeutung.

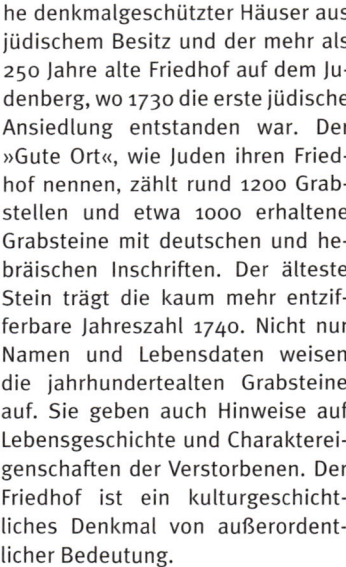

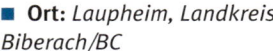

- **Ort:** *Laupheim, Landkreis Biberach/BC*
- **Lage:** *auf dem Judenberg*
- **Öffnungszeiten:** *ganzjährig von 9 bis 19 Uhr*
- **Rollstuhl/Kinderwagen:** *möglich*
- **Parken:** *am Friedhof (Judenberg)*
- **Auskunft:** *Museum zur Geschichte von Christen und Juden, Claus-Graf-Stauffenberg-Straße 15, 88471 Laupheim, Telefon (0 73 92) 96 80 00, www.museum-laupheim.de*

Märchenstunde

Im Diebsturm

Jahrhunderten. Gekrönt wird er von einem hohen Pyramidendach und vier zierlichen Scharwachtürmchen. Immer mal wieder wurde der Festungsturm auch als Gefängnis verwendet, woher er seinen Namen hat. In seinem Innern findet sich ein drei Meter tiefes Verlies, in das die Gefangenen hinuntergelassen wurden, ohne Möglichkeit, sich zu befreien. Diesen düsteren Raum deckt heute ein Holzboden zu, auf dem die Märchenstunde gehalten wird. Eine vergitterte Öffnung in der Bodenplatte gibt den Blick frei ins unterirdische Gewölbe, in dem sich gewiss viel Leid zugetragen hat. Außen am Turm hängt an Tagen, an denen Märchenstunde gehalten wird, ein langer Rapunzelzopf zum Fenster heraus.

Dienstags – in den Sommerferien – ist Märchenstunde im Lindauer »Diebsturm«. Dort wird aus den Erzählungen der Brüder Grimm vorgelesen. Frau Holle schüttelt dann wieder ihre Betten, Rotkäppchen begegnet dem bösen Wolf, Hänsel und Gretel verlaufen sich im Wald, Rumpelstilzchen tanzt voller Schadenfreude und Rapunzel lässt ihr Haar herunter. »Mit Märchen«, sagt Vorleserin Sylvia Luis, »kann man Kinder richtig begeistern«. Im Wechsel mit zwei weiteren Lindauerinnen liest sie seit Jahren schon im Diebsturm kleinen Leuten Geschichten vor. Ungefähr dreißig Zuhörer passen in den Turm, der 1380 als Teil der Stadtbefestigung errichtet wurde. Er steht heute noch genauso wuchtig da wie schon vor

- **Ort:** *Lindau, Landkreis Lindau/LI*
- **Lage:** *in der Altstadt auf der Insel*
- **Termin:** *Anfang Juli bis Mitte September, dienstags 10 bis 11 Uhr für Kinder ab drei Jahren*
- **Rollstuhl/Kinderwagen:** *möglich*
- **Parken:** *auf öffentlichen Parkplätzen*
- **Auskunft:** *ProLindau, Alfred-Nobel-Platz 1, 88131 Lindau im Bodensee, Telefon (0 83 82) 26 00 30, www.lindau.de*

Den Poltergeist suchen

Auf dem Stadtbummel

»Jetzt ruft mal alle laut nach dem Kellergespenst. Ich vermute, dass es sich dann zeigt und vielleicht zu uns raufkommt.« Brigitte Jaeger weiß die Kinderschar zu packen. Auf ihrem Rundgang durch die alte Meersburger Oberstadt gibt es immer wieder neue Höhepunkte. Die Großmutter von fünf Enkeln bringt kleinen Leuten Meersburg nah. Tatsächlich kommt das Gespenst nach einigem Geschrei laut polternd die Treppe heraufgesprungen. »Es kommt vor«, erzählt Brigitte Jaeger, »dass unter den ganz Kleinen sich einige ängstigen. Darum übertreibt das Gespenst das Lärmen ja auch nicht.« Schützend nimmt die Führerin alle in den Arm, die sich fürchten. Seit 2005 führt Brigitte Jaeger in den Oster- und Pfingstferien und von Anfang Juli bis Mitte September immer mittwochs Kinder durch die Meersburger Oberstadt. Sie passt die Rundgänge dem Alter, der Größe der Gruppe und auch dem Wetter an. Im Regen schlüpft sie schon mal ins Schloss, in das der Kinderrundgang normalerweise nicht kommt. Auf dem Weg durchs Gassengewirr erzählt sie aus der Zeit der Postkutsche, führt zu dem großen Weinfass, das 50 000 Liter aufnimmt und von vier holzgeschnitzten Osmanen bewacht wird. Die Führung geht zum »Schnabelgiere-Brunnen«, der ganz

heimtückisch mal hier-, mal dorthin spuckt. Und die gruselige Geschichte vom Bürgermeister Weinzürn darf natürlich auch nicht fehlen.

- **Ort:** *Meersburg, Bodenseekreis/FN*
- **Lage:** *am Neuen Schloss*
- **Termin:** *Oster- und Pfingstferien, Mitte Juli bis Mitte September, mittwochs 10.30 Uhr*
- **Rollstuhl/Kinderwagen:** *möglich*
- **Parken:** *außerhalb der Altstadt*
- **Auskunft:** *Meersburg Tourismus, Kirchstraße 4, 88709 Meersburg am Bodensee, Telefon (0 75 32) 44 04 00, www.meersburg.de*

Kunsterlebnis

Im Skulpturenfeld

In den Jahren 1969 und 1970 haben auf Einladung des Biberacher Arztes Dr. Gustav Laib fünfzehn Künstler aus fünf Ländern und drei Kontinenten nahe dem Dörfchen Oggelshausen Kunstwerke in Stein gehauen. Die Bildhauer haben im freien Gelände an ihren Objekten gehämmert, gemeißelt, gesägt. Praktischerweise blieben alle fünfzehn Skulpturen gleich an den Plätzen stehen, an denen sie gehauen wurden. Sie bilden heute das mit der weiten Federseelandschaft verwachsene »Skulpturenfeld Oggelshausen«. Im Jahr 2000 lud die Gemeinde, die einst Gastgeber des Künstlertreffens war, zum dreißigjährigen Jubiläum des Symposiums zehn weitere Bildhauer aus fünf Ländern ein. Hatten die Künstler des ersten Treffens noch wie seit Jahrhunderten üblich mit Hammer und Meißel an ihren Werken gearbeitet, gingen ihre Nachfahren drei Jahrzehnte später überwiegend mit Kettensäge und Elektrobohrer zu Werke. Die zehn neu entstandenen Kunstwerke bilden nun einen Skulpturenpfad von Oggelshausen bis zum Marktplatz in der nahe gelegenen Kurstadt Bad Buchau. Am Rand des Federseerieds ist eine durchaus etwas rätselhafte, in jedem Fall betrachtenswerte Steinskulpturenlandschaft entstanden. Auf einem zweistündigen Spaziergang mit weitem Blick übers Federseeried ist sie bequem abzuwandern.

- **Ort:** *Oggelshausen, Landkreis Biberach/BC*
- **Lage:** *südöstlich, an der Straße nach Bad Buchau*
- **Öffnungszeiten:** *immer frei zugänglich*
- **Rollstuhl/Kinderwagen:** *möglich*
- **Parken:** *am Wanderparkplatz Skulpturenfeld oder in Bad Buchau*
- **Außerdem:** *Zum Wanderparkplatz gehört eine Grillstelle*
- **Auskunft:** *Bürgermeisteramt Oggelshausen, Schulstraße 5, 88422 Oggelshausen, Telefon (0 75 82) 9 12 27, www.oggelshausen.de*

Duell an der Kuppel

In der Pfarrkirche

Wolfeggs Pfarrkirche St. Katharina zählt zu den prächtigsten Barockkirchen in Oberschwaben. Sie wurde 1733 bis 1736 als Sakralbau des Chorherrenstifts unter Leitung des Füssener Baumeisters Johann Georg Fischer an der Stelle errichtet, an der die ursprüngliche Kirche von Wolfegg stand. Das hallenartige Langhaus wird von einer riesigen ovalen Kuppel überwölbt. Das Deckengemälde erzählt die Gründungsgeschichte des Chorherrenstifts, den Zweikampf des siebzehn Jahre alten Grafen Johannes von Sonnenberg mit dem Cavaliere Antonio di Sanseverino im Jahr 1487. Der Sonnenberger gewann und stiftete daraufhin das Kloster samt Kirche. Der in Rosa, Ocker und einem kräftigen Türkisgrün gehaltene, spätbarocke Stuck des Wessobrunner Meisters

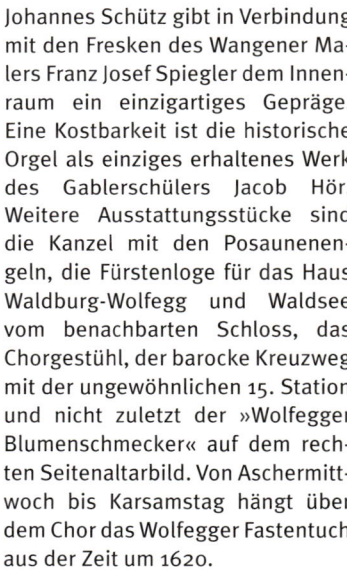

Johannes Schütz gibt in Verbindung mit den Fresken des Wangener Malers Franz Josef Spiegler dem Innenraum ein einzigartiges Gepräge. Eine Kostbarkeit ist die historische Orgel als einziges erhaltenes Werk des Gablerschülers Jacob Hör. Weitere Ausstattungsstücke sind die Kanzel mit den Posaunenengeln, die Fürstenloge für das Haus Waldburg-Wolfegg und Waldsee vom benachbarten Schloss, das Chorgestühl, der barocke Kreuzweg mit der ungewöhnlichen 15. Station und nicht zuletzt der »Wolfegger Blumenschmecker« auf dem rechten Seitenaltarbild. Von Aschermittwoch bis Karsamstag hängt über dem Chor das Wolfegger Fastentuch aus der Zeit um 1620.

■ **Ort:** *Wolfegg, Landkreis Ravensburg/RV*
■ **Lage:** *neben dem Schloss*
■ **Öffnungszeiten:** *täglich von 8.30 bis 18 Uhr*
■ **Rollstuhl/Kinderwagen:** *möglich*
■ **Parken:** *im Ort*
■ **Außerdem:** *Führungen regelmäßig freitags*
■ **Auskunft:** *Wolfegg Information (Touristik), Rötenbacher Straße 13, 88364 Wolfegg, Telefon (0 75 27) 96 01 50, www.wolfegg.de*

Stadtbummel

Ein feiner Badeplatz

An der Malerecke

Wenn Du mit Deinen Zöglingen übers Jahr an den Bodensee kommst, versäume ja Langenargen nicht«, schwärmt die Dichterin Annette von Droste-Hülshoff 1842 in einem Brief aus dem Ort, »Du kannst dir das Malerische des Ganzen gar nicht denken.« Tatsächlich hat Langenargen einen reizvollen, lang gestreckten Marktplatz, umstellt vom Rathaus und dem ehemaligem Münzhof, von Pfarrkirche, Pfarrhaus und Spital. Auf eineinhalbstündigen historischen Stadtspaziergängen werden Besucher an die schönsten Winkel des Orts geführt. Kinder, die mitwandern, bekommen ein Ratespiel. Der im benachbarten Wasserburg geborene Schriftsteller Martin Walser beschreibt in seinen Jugenderinnerungen »Ein springender Brunnen« die 1898 eröffnete, älteste Hängebrücke Deutschlands. Wenig nordöstlich von Langenargen überspannt das Kulturdenkmal den Fluss Argen: »Diese Brücke hing mit dicken Stahlseilen an vier gewaltigen Steinpfeilern, die ihrerseits aussahen, als gehörten sie zu einem Schloss oder einer Burg.« Die stählernen Trossen sind jeweils 130 Meter lang und tragen die Brücke mit ihrer 72 Meter langen Fahrbahn. Einen idyllischen Ort bildet die »Malerecke« etwa auf halbem Weg zwischen dem Langenargener Schiffsanleger und der Argenmündung. Der Platz ist nicht nur romantisch. Er ist vor allem ein schön gelegener Badeplatz.

- **Ort:** *Langenargen, Bodenseekreis/FN*
- **Lage:** *die Malerecke liegt südöstlich des Orts am Bodenseeufer*
- **Termin:** *historische Stadtspaziergänge von Mitte Mai bis Ende September immer freitags 10.30 Uhr am Schloss Montfort*
- **Rollstuhl/Kinderwagen:** *möglich*
- **Parken:** *im Ort*
- **Auskunft:** *Tourist-Information Langenargen, Obere Seestraße 2/1, 88085 Langenargen, Telefon (0 75 43) 93 30 92, www.langenargen.de*

Antworten finden

Auf dem Stadtrundgang

F reitags – in den Sommerferien – ist Kinderstadtrundgang in Lindau. Dann geht's durch enge Altstadtgassen, am Hafen entlang, zum Leuchtturm hinaus, ins Verlies des alten »Diebsturms«, zum Rathaus, auf der Stadtmauer lang, zu den Stadtbrunnen. Antworten werden auf der eineinhalbstündigen Wanderung auf viele Fragen über die Stadt gesucht. Wie viele Brunnen gibt es hier? Warum heißt das Zitronengässele so? Wie alt ist die Stadtmauer? Wo ist die Gerberschanze? Ein prächtiges Bild bietet Lindaus Hafen, eingefasst von zwei Steindämmen. Auf dem westlichen steht der 33 Meter hohe Leuchtturm. Auf dem östlichen hockt ein sechseinhalb Meter hoher steinerner bayerischer Löwe. Vom Hafen aus bietet sich eine schöne Sicht auf den Bodensee, den Pfänder über Bregenz und die Kette der Schweizer und der österreichischen Alpengipfel. Manche nennen Lindau das schwäbische Venedig. Ursprünglich lag die Altstadt auf drei Inseln, die heute vereinigt sind. Mit dem Festland ist Lindau nur über einen 550 Meter langen Eisenbahndamm und eine Straßenbrücke verbunden. Die Stadt ist nach Reichenau und Mainau die drittgrößte Bodenseeinsel und hat eine lange Geschichte: Schon die Römer unterhielten dort vor bald 2000 Jahren eine See- und Militärstation.

- **Ort:** *Lindau, Landkreis Lindau/LI*
- **Lage:** *der Kinderstadtrundgang beginnt an der Tourist-Information gegenüber dem Hauptbahnhof*
- **Termin:** *Juli bis Mitte September, freitags 14.30 Uhr*
- **Rollstuhl/Kinderwagen:** *möglich*
- **Parken:** *auf öffentlichen Parkplätzen*
- **Außerdem:** *Die Führung wird gleichzeitig auch als Erwachsenenführung angeboten*
- **Auskunft:** *ProLindau, Alfred-Nobel-Platz 1, 88131 Lindau im Bodensee, Telefon (0 83 82) 26 00 30, www.lindau.de*

»Hört, ihr Herrn ...«

Nachtwächters Lied

Seit 1978 geht in Markdorf wieder ein Nachtwächter seine Runde. Der ist nicht mehr, wie einst, für die Sicherheit der Stadt verantwortlich, ist auch nicht alle Nächte draußen. Er führt die uralte Tradition des nächtlichen Stadtrundgangs fort – jetzt für Besucher der Stadt. »Die Idee, wieder einen Nachtwächter einzusetzen«, erzählt Rudolf Stark, »wurde 1977 im Verein zur Erhaltung der Markdorfer Kulturdenkmäler geboren.« Am 24. April 1978 trat Stark erstmals im historischen Keller des Markdorfer Bischofsschlosses als »Nachtwächter« auf. Zum Markdorfer Stadtfest war er wieder da. Seither ist er oft »amtlich« unterwegs. Eines Tags kamen regelmäßige Nachtwächterrundgänge hinzu. Seit 1990 ist Rudolf Stark in der warmen Jahreszeit auch nächtens unterwegs mit Laterne, Horn und Hellebarde. Am »Untertorturm« geht's los. Eineinhalb Stunden dauert die Runde. An jeder Station singt er einen Stundenvers. Er berichtet von der Markdorfer Geschichte, von Not und Krieg, von Freude und Festen, erklärt die Bauwerke der Altstadt. Stark ist einer der ersten neuzeitlichen Nachtwächter. Er ist Gründungsmitglied der 1987 im dänischen Ebeltoft entstandenen Europäischen Nachtwächter- und

Türmerzunft, hat 2003 die baden-württembergische Nachtwächter- und Türmerzunft mitgegründet und ist Pate der 2004 gegründeten Nachtwächter- und Türmerzunft im schweizerischen Bischofszell.

- **Ort:** *Markdorf, Bodenseekreis/FN*
- **Lage:** *am Untertorturm*
- **Termin:** *Mai bis Oktober vierzehntägig Samstag 21 Uhr*
- **Rollstuhl/Kinderwagen:** *möglich*
- **Parken:** *kostenlos im Stadtgebiet*
- **Auskunft:** *Tourist-Information Gehrenberg-Bodensee, Marktstraße 1, 88677 Markdorf, Telefon (0 75 44) 50 02 90, www.gehrenberg-bodensee.de*

Zum Besten der Stadt

Der Türmer auf dem Turme

Hört, ihr Leut' und lasst euch sagen, unsere Uhr hat sechs geschlagen.« Nachdem er den Nachtwächtervers zweimal gesungen und zuvor schon dreimal das Hornsignal, zum guten Schluss noch einen Choral, ein Abendlied und schließlich das Schlusssignal geblasen hat, steigt Peter Strohmann vom Turm des Meersburger Obertors herunter. Zurück auf festem Boden erzählt der Meersburger »Stadttürmer«, wie das war in früher Zeit mit den Wächtern auf den Türmen. Sie versahen eine für die Gemeinschaft lebenswichtige Aufgabe. Natürlich riefen sie von Zeit zu Zeit auch aus, was die Uhr geschlagen hatte, in Jahrhunderten, die ohne Taschen- und Armbanduhr auskommen mussten. Die Hauptaufgabe der Türmer aber war, über die Sicherheit der Stadt zu wachen, drohende Überfälle zu melden, Brände festzustellen, die Tore nachts geschlossen zu halten. Die Wächter der Nacht hatten einen Eid zu schwören. In Meersburg forderte er, »der Stadt gehörsam und gewärtig zu seyn, ihren Nutz und Fromen zu fürdern, und ihren Schaden zu warnen und zu wenden, und zu rechter Zeit an die Wacht zu gehen«. Dies und noch weit mehr berichtet »Stadttürmer« Strohmann, nachdem er vom Turm herabgestiegen ist. Von den Türmern erzählt er, von einer uralten, ehrbaren Zunft, deren Mitglieder vor gut hundert Jahren letztmals ihre Türme bestiegen haben. Über Meersburger Geschichte und Geschichtchen plaudert Strohmann anschließend.

- **Ort:** *Meersburg, Bodenseekreis/FN*
- **Lage:** *am Obertor*
- **Termin:** *Samstag 18 Uhr*
- **Rollstuhl/Kinderwagen:** *möglich*
- **Parken:** *außerhalb der Altstadt*
- **Auskunft:** *Meersburg Tourismus, Kirchstraße 4, 88709 Meersburg am Bodensee, Telefon (0 75 32) 44 04 00, www.meersburg.de*

Herausgeputzte Fachwerkbauten

Auf dem Altstadtrundgang

Pfullendorf liegt inmitten des Linzgaus auf halbem Weg zwischen Donau und Bodensee. In direkter Nachbarschaft zur Burg der Linzgaugrafen hatte sich schon im 12. Jahrhundert ein Marktflecken entwickelt. Heute bildet die spätgotische, im Jahr 1750 barockisierte Pfarrkirche St. Jakobus den Mittelpunkt der Stadt. Sie war im 15. Jahrhundert an der Stelle einer im 11. Jahrhundert erbauten Burgkapelle errichtet worden. Von großem Reiz ist Pfullendorfs Altstadt

mit ihren fein herausgeputzten Fachwerkbauten. Als Wahrzeichen der Stadt gilt das historische »Obere Tor«, einst Teil der Stadtbefestigung. Seine mächtige Doppeltoranlage stellt ein Glanzstück mittelalterlicher Festungsbaukunst dar. Es ist das wohl schönste Bauwerk seiner Art im ganzen Bodenseeraum. Im Ratssaal des 1524 neu erbauten Rathauses ist ein vorzüglicher Bilderzyklus der Frührenaissance erhalten. Die einstige Getreidescheuer des Heilig-Geist-Spitals beherbergt heute die Stadtbücherei. Das »Alte Haus«, eine Fachwerkrarität, wird als eins der ältesten bürgerlichen Wohnhäuser in Süddeutschland bewertet. Die Touristikrouten »Oberschwäbische Barockstraße«, »Deutsche Fachwerkstraße« und der Jakobsweg berühren Pfullendorf. Von Mai bis Oktober bietet die Stadt an jedem Freitag um zehn Uhr eine kostenlose Stadtführung an. Treffpunkt ist das Bürgerzentrum am Marktplatz.

- **Ort:** *Pfullendorf, Landkreis Sigmaringen/SIG*
- **Lage:** *in der Altstadt*
- **Termin:** *Führung freitags 10 Uhr ab Bürgerzentrum*
- **Rollstuhl/Kinderwagen:** *möglich*
- **Parken:** *im Stadtgebiet*
- **Auskunft:** *Tourist-Information Pfullendorf, Kirchplatz 1, 88630 Pfullendorf, Telefon (0 75 52) 25 11 33, www.noerdlicher-bodensee.de*

Ein großes Bilderbuch

Am Rathausplatz

Stein am Rhein ist eine der schönsten und am besten erhaltenen mittelalterlichen Kleinstädte im ganzen deutschen Sprachgebiet. Den Mittelpunkt bildet der lang gestreckte, zum Untertor sich verjüngende Rathausplatz. Er ist zugleich ein einziges großes Bilderbuch. Rundum lauter bunt bemalte Hausfassaden. Sie erzählen Geschichten, mal allgemein, mal übers Haus hinter der Fassade, mal über die Menschen drinnen. Die Bilder am Gasthaus »Zum Weißen Adler« gehen aufs 16. Jahrhundert zurück. Sie zeigen Szenen aus dem »Dekameron« des italienischen Schriftstellers Giovanni Boccaccio. Jünger sind die Gemälde und Inschriften am »Haus zum Peli-

kan«, an den Gasthöfen »Zur Sonne«, »Zum Rothen Ochsen«, »Zum steinernen Trauben«. Das 1539 in kräftigem roten Fachwerk erbaute Rathaus erzählt in seinen erst im Jahr 1900 aufgemalten Szenen aus der Stadtgeschichte. Und das Haus »Zum schwarzen Horn« berichtet von einem seiner frühen Bewohner und wie es zu seinem Namen kam. Nun muss der Besucher nur noch in dem bunten Bilderbuch Rathausplatz blättern. Dabei hilft ein Fragebogen, der 23 Stationen behandelt. »Wer war schuld am großen Stadtbrand von 1668?«, lautet eine der Fragen. »Welcher Philosoph sitzt in dem Fass am Gasthaus zur Sonne?« eine andere. Fragen über Fragen! Ein großer Spaß für die ganze Familie. Am Ende kennen alle Stein am Rhein und seine lange Geschichte.

- **Ort:** *Stein am Rhein, Schweiz/CH*
- **Lage:** *am Rathausplatz*
- **Rollstuhl/Kinderwagen:** *möglich*
- **Parken:** *vor der Stadtmauer*
- **Außerdem:** *großer Spielplatz am Stadtgarten*
- **Auskunft:** *Tourismus Stein am Rhein, Oberstadt 3, CH-8260 Stein am Rhein, Telefon (00 41) 5 27 42 20 90, www.steinamrhein.ch*

Kaiser und Bauer

In der Ratsstube

Von 1491 bis 1494 hatte der Bildschnitzer Jakob Ruß die Ratsstube im Überlinger Rathaus neu eingerichtet. Er zog eine leicht gewölbte Balkendecke ein, gliederte die Wände mit Blendmaßwerk und schnitzte eine einzigartige Gruppe von 41 Statuetten. Die vierzig Zentimeter hohen Figuren stellen im spätgotischen Stil die Stände dar, wie sie sich im Mittelalter herausgebildet hatten. Vertreten sind in der Galerie zwei Herrscherfiguren und zwei Christusgruppen. Hinzu kommen außer den Kurfürsten jeweils vier Markgrafen, Landgrafen, Burggrafen, Grafen, Freiherren, Ritter, Städte und Bauern. Die Vierergruppen repräsentieren die weltliche Rangordnung von den Herzögen bis hinunter zu den Bauern. Ruß musste sich übrigens vertrag-

lich gegenüber dem Magistrat verpflichten, im Sommer ab vier Uhr, im Winter ab fünf Uhr morgens bis sieben Uhr abends einschließlich der ortsüblichen Essenspausen zu arbeiten – sicher ohne Erholungsurlaub. Ein weiteres außergewöhnliches Kunstwerk in Überlingen ist der 1616 fertiggestellte Hochaltar im Münster. Die 23 lebensgroßen und 50 kleinen Figuren schnitzte der Überlinger Meister Jörg Zürn unter Mitarbeit seines Vaters und zweier Brüder.

- **Ort:** *Überlingen, Bodenseekreis/FN*
- **Lage:** *Münster und Rathaus*
- **Öffnungszeiten:** *Münster tagsüber frei zugänglich, in der Ratsstube kostenlose Führungen Mai bis September Montag bis Freitag 11 Uhr, Montag bis Donnerstag 14 Uhr, Oktober bis April Dienstag 14 Uhr, Mittwoch 11 Uhr, Donnerstag 14 Uhr*
- **Rollstuhl/Kinderwagen:** *im Münster möglich, in der Ratsstube nicht*
- **Parken:** *im Stadtgebiet*
- **Auskunft:** *Kur und Touristik Überlingen, Landungsplatz 5, 88662 Überlingen, Telefon (0 75 51) 9 47 15 22, www.ueberlingen.de*

Künstlerspuren

In Büchern und Skulpturen

In Wasserburg muss sich der Gast auf Kunst einlassen. Sommertags begegnet er ihr auf den jährlich wechselnden Skulpturenpfaden. Das ganze Jahr über findet er Wasserburg in der Literatur. Martin Walser, Autor von Romanen, Novellen, Hörspielen, ausgezeichnet mit dem Büchner-Preis, dem Großen Preis der Bayerischen Akademie der Künste, dem Orden »Pour le mérite« und dem Bundesverdienstkreuz, wurde 1927 als Sohn eines Gastwirts in Wasserburg geboren. Horst-Wolfram Geißler, Erzähler und Verfasser humorvoller Unterhaltungsromane wie »Der liebe Augustin« wurde 1983 auf seinen Wunsch hin auf dem Wasserburger Friedhof neben der Georgskirche beerdigt. Seit dem Jahr 2002 lassen sich die Wasserburger jeweils von Mai bis Oktober Kunst an den Weg stellen. An Straßen, auf Plätzen, selbst im Wasser erregen dann große und kleine Skulpturen aus Eisen und Holz, aus Stein, Kunststoff oder Bronze Neugier und Staunen, Nachdenklichkeit, gelegentlich wohl auch Verwunderung. Im Jahr 2009 hatten die Schwestern Mercedes und Franziska Welte aus dem österreichischen Vorarlberg zwanzig »Nonos« auf der Bodenseehalbinsel postiert. Der Sommer davor gehörte den Holzskulpturen des Bildhauers Josef Lang aus Denklingen im Landkreis Landsberg.

- **Ort:** *Wasserburg, Landkreis Lindau/LI*
- **Lage:** *im ganzen Ort*
- **Termin:** *Von Mai bis Oktober immer frei zugänglich*
- **Rollstuhl/Kinderwagen:** *möglich*
- **Parken:** *im Ort*
- **Auskunft:** *Tourist-Information, Lindenplatz 1, 88142 Wasserburg (Bodensee), Telefon (0 83 82) 88 74 74, www.wasserburg-bodensee.de*

Wandervögel

Auf federndem Grund

Im Wackelwald

Der schönste Weg zum »Wackelwald« beginnt am Parkplatz nahe dem Federseemuseum. Von dort verläuft er an der Grenze des »Naturschutzgebiets Federsee«, vorüber an Feuchtwiesen, Schilf und Röhricht, immer mit freiem Blick übers weite Ried. Bald ist über ein Holzbrücklein der Wackelwald erreicht. Ein 600 Meter langer Naturerlebnispfad führt als Rundweg hindurch. Von nun an gibt der Boden unter den Füßen mit jedem Schritt spürbar nach. Sachtes Federn in den Knien steigert den Effekt und versetzt den Untergrund regelrecht ins Wanken. Sogar Sträucher und kleinere Bäume in der näheren Umgebung machen die Bewegung mit. Der Wald »wackelt«. Die ganze »wackelnde« Welt ringsumher ruht auf mehreren verlandeten kleinen Seen. In ihnen wurde früher das Eis zur Kühlung des Biers in Brauereien und Gaststätten gewonnen. Wie das ganze weite Federseemoor besteht auch der Untergrund des Wackelwalds aus Sedimenten, die sich über lange Zeit abgelagert und so den moorigen Boden erzeugt haben. Dass der Wackelwald überhaupt begehbar ist, liegt an der nur gut zwanzig Zentimeter starken, aber festen Schicht aus ineinander verwachsenen und verfilzten Baum- und Sträucherwurzeln. Schautafeln am Rundweg erklären, was hier passiert, warum der Wald wackelt. Es gibt eine Aussichtsplattform und einen Aussichtsturm, zahlreiche Mitmachstationen am Weg, darunter ein Tastpfad, ein Baumtelefon und ein Amphibienteich.

- **Ort:** *Bad Buchau, Landkreis Biberach/BC*
- **Lage:** *nordwestlich des Kurparks*
- **Öffnungszeiten:** *immer frei zugänglich*
- **Rollstuhl/Kinderwagen:** *nicht möglich*
- **Parken:** *am Federseemuseum*
- **Außerdem:** *Die Wanderung kann an der Sternwarte, aber auch am Rathaus beginnen*
- **Auskunft:** *NABU-Naturschutzzentrum Federsee, Federseeweg 6, 88422 Bad Buchau, Telefon (0 75 82) 15 66, www.NABU-Federsee.de*

Ein tolles Erlebnis

In der Rappenlochschlucht

Mit dem Zug und dem Bus machten wir uns auf den Weg ins Gütle in Dornbirn. Von dort wanderten wir durch die Rappenlochschlucht zum Staufensee. Alle waren von der Schlucht und dem dunklen Tunnel beeindruckt. Auf einer großen Kiesbank am See machten wir Rast. Nach dem guten Essen wateten wir durch Wasser und Schlamm. Die Zeit verging wie im Flug. Alle wollten gern länger bleiben. Der Rückweg durch die Schlucht war aber wieder ein tolles Erlebnis.« Lehrerin Dorothea Zoppoth schwärmt auf der Internetseite der Volksschule Bregenz-Schendlingen vom Ausflug ihrer Klasse 3b in die Rappenlochschlucht. Gut sechs Kilometer westlich des Stadtzentrums von Dornbirn liegen hintereinander die Gebirgsschluchten »Rappenloch«

und »Alploch«, zwischen beiden der Staufensee. Sie zählen zu den größten Schluchten Mitteleuropas. Jahrtausendelang hat die Ebniter Ache diese gewaltigen Einschnitte ins Gestein gewaschen. Tosende Wasserfälle und steile Felswände bieten große Naturschauspiele. Sichere, beschilderte Wege erschließen die Schluchten. Im Juli und August werden an jedem Donnerstag um 10.30 Uhr kostenlose, geführte Wanderungen durch die Rappenlochschlucht angeboten. Treffpunkt für die eineinhalbstündige Tour ist der Mammutbaum im Gütle. Auf der Wanderung wird auch über die Entstehung dieses Naturspektakels berichtet.

- **Ort:** *Dornbirn, Österreich/A*
- **Lage:** *am Stadtrand*
- **Öffnungszeiten:** *von Ostern bis Oktober (witterungsbedingt!) zugänglich*
- **Rollstuhl/Kinderwagen:** *nicht möglich*
- **Parken:** *kostenpflichtig*
- **Außerdem:** *Gruppen werden gebeten, sich für (kostenpflichtige) Führungen anzumelden*
- **Auskunft:** *Dornbirn Tourismus, Rathausplatz 1, A-6850 Dornbirn, Telefon (00 43) 5 57 22 21 88, www.dornbirn.at*

Naturerlebnisweg

Für Rollstuhlfahrer

Das Stephanuswerk der Evangelischen Heimstiftung Stuttgart unterhält in Isny eine Rehabilitationsklinik mit Werkstätten und Wohnungen für Menschen mit Behinderungen. Um Rollstuhlfahrern den Zugang zur Natur zu erleichtern und sie auf sicheren Wegen zu führen, hat das Werk am Stadtrand einen »Naturerlebnis- und Lehrpfad« angelegt. »Die Begegnung mit der Natur«, heißt es, »ist behinderten Menschen nicht immer selbstverständlich.« Auf dem Isnyer

»Sinneslehrpfad« können sie einen kompletten Rundwanderweg mit zwölf Stationen völlig ohne fremde Hilfe bewältigen. Eine ziemlich neue Form, mit dem Rollstuhl Natur zu erfahren. Der Erlebnispfad besteht aus zwei Rundwegen, die miteinander verknüpft sind. Die kürzere Route misst eineinhalb Kilometer, die längere Runde ist gut doppelt so lang. Schautafeln an den Wegen sind so aufgestellt, dass der Rollstuhl an sie heranfahren kann. So lassen sich die Texte gut lesen. Der Weg läuft an schilfgesäumten Seeufern entlang und lässt den Besucher die Seen auf unterschiedliche Weise erfahren. Vom Steg sehen die Ausflügler den Fischen und den Enten zu. Sie lauschen dem Konzert der Frösche auf den Seerosenblättern. Vögel schwir-

ren durchs Geäst, und am Abend kommen die Fledermäuse. Es geht auf Stegen aufs Wasser hinaus und ein Stück weit ins Moor hinein, durch blühende Wiesen und Birkenwald. Am Ende liegt eine kleine Käserei zu Einkehr oder Kauf.

■ **Ort:** *Isny im Allgäu, Landkreis Ravensburg/RV*
■ **Lage:** *am Südrand der Stadt*
■ **Termin:** *immer frei zugänglich*
■ **Rollstuhl/Kinderwagen:** *möglich*
■ **Parken:** *am Wanderparkplatz Biesenspitz östlich der Maierhöfener Straße*
■ **Auskunft:** *Isny Marketing, Unterer Grabenweg 18, 88316 Isny, (0 75 62) 97 56 30, www.isny.de*

Blick in die Landwirtschaft

Auf dem Bauernpfad

Das Jahr 1997 haben Kressbronns Landwirte zum »Jahr des Bauern« ernannt. Die Idee dahinter war, Stadtmenschen mit der Landwirtschaft vertraut zu machen, mit ihrer Arbeitsweise und ihren Erzeugnissen wie Wein, Obst, Getreide, Kartoffeln. Hoffeste wurden gefeiert, Hofbesichtigungen und Bauernmärkte veranstaltet. Ein Labyrinth im Maisfeld kam hinzu, ein Bauerncafé, ein Heuhotel und schließlich der »Obst- und Weinlehrpfad« zwischen Atlashofen und Berg. Zum zehnjährigen Jubiläum des Bauernjahrs wurde der Weg komplett erneuert und am 16. Juni 2007 als »Bauernpfad« wiedereröffnet. Die Gemeinde hatte den Umbau initiiert. Die Landwirte packten mit an. So ist ein zweieinhalb Kilometer langer Rundwanderweg entstanden, der in schöner Höhenlage an der »Straußner Halde« oberhalb Kressbronn verläuft. An knapp zwei Dutzend Stationen wird – auch für Kinder verständlich – über Hopfen und Wein, über Obst, Beeren, Landschaft und Geologie, über Wald-, Vieh- und Milchwirtschaft berichtet. Am Weg stehen Spielgeräte, eine Duftbox zum Riechen, ein Hopfenturm zum Klettern und immer wieder Ruhebänke. Überall gibt es herrliche Aussichten auf den Bodensee, die Schweizer und die österreichische Bergwelt. Das – kostenpflichtige – Maisfeldlabyrinth wird von Juli bis September bei Nitzenhofen etwa 300 Meter abseits des Bauernpfads unterhalten

■ **Ort:** *Kressbronn, Bodenseekreis/FN*
■ **Lage:** *nördlich von Kressbronn zwischen Berg und Atlashofen*
■ **Termin:** *immer frei zugänglich*
■ **Rollstuhl/Kinderwagen:** *möglich*
■ **Parken:** *an der Brauereigaststätte »Max & Moritz« in Berg*
■ **Auskunft:** *Tourist-Information, Im Bahnhof, 88079 Kressbronn am Bodensee, Telefon (0 75 43) 9 66 50, www.kressbronn.de*

Zu den Märzenbechern

Im Wolfstal

Westlich Ehingen blüht im zeitigen Frühjahr im Wolfstal die Frühlingsknotenblume, bekannter unter dem landläufigen Namen »Märzenbecher«. Aus länglichrunder Knolle treiben drei bis fünf schmale Blätter. An der Spitze des Schafts leuchtet weiß eine einzelne überhängende Blüte mit gelblichgrünen Malen am Saum. Auf dem dunklen Grund des Wolfstals breitet der Märzenbecher endlose weiße Blütenteppiche aus. Als frecher Farbtupfer mischt sich der »Zinnoberrote Kelchbecherling« unters Blütenmeer. Dieser Winterpilz übersteht Schnee- und kurze Frostperioden schadlos. Das Wolfstal ist zu jeder Jahreszeit eine romantische Gegend. Ein Fußpfad schlängelt durchs felsenreiche Trockental. Ein paar hundert Meter nur talaufwärts liegt links oben im Hang die »Bärenhöhle«, gute zwanzig Meter tief und vier, fünf Meter breit. Gegenüber dem Parkplatz am Wolfstal wurde 2005 eine restaurierte Tuffsteinsäge aufgestellt. Sie hatte bis in die Mitte des 20. Jahrhunderts das hinter der nahe gelegenen »Laufenmühle« gebrochene Albgestein zu Quadern gesägt. Eine kurze Wanderung führt zur »Burg Reichenstein«, von der allerdings nur der Turm erhalten ist – mit jedoch schöner Aussicht auf die Alb und ins Lautertal.

- **Ort:** *Lauterach, Alb-Donau-Kreis/UL*
- **Termin:** *immer frei zugänglich*
- **Rollstuhl/Kinderwagen:** *nicht möglich*
- **Parken:** *am Eingang zum Tal*
- **Außerdem:** *an Wochenenden oft viele Ausflügler. Im Winter bekommt man den Schlüssel zur Burg Reichenstein bei Familie Goller, Burgstraße 19, 89584 Reichenstein, Telefon (0 73 75) 13 55*
- **Auskunft:** *Alb-Donau-Kreis Tourismus, Schillerstraße 30, 89070 Ulm, Telefon (07 31) 1 85 12 38, www.tourismus.alb-donau-kreis.de*

Bei den Waldwichteln

Im Sägetobel

Im Sägetobel lauert hinter fast jedem zweiten Baum oder dritten Strauch eine Überraschung. Der »Waldpädagogikverein Möggers« hat tief in die Ideenkiste gegriffen. So hat er nicht nur einen lehrreichen, sondern auch einen abwechslungsreichen Pfad in den »Sägetobel« gelegt. Ihren Namen hat die Gegend nach einem kleinen Sägewerk, das einst im Talgrund stand und von Wasser angetrieben wurde. Die Säge ist verschwunden, der Name geblieben. Eineinhalb bis drei Stunden braucht der Wanderer, um die Runde durch den »Wald voller Geheimnisse« zu bewältigen. Der Weg läuft durch hohen Buchenwald, führt über Hängebrücken, erreicht eine Waldhütte, später eine Blockhütte, die mit bereitgelegten Rundhölzern ganz nach Belieben umgebaut werden kann. Hängematten gibt es im Wald und Ruhebänke. Irgendwann stößt der »Inspirationsweg« hinzu, den zu gehen eine zusätzliche halbe Stunde nötig ist. Der ist nun ein alpiner Steig und verlangt gutes, festes Schuhwerk und Aufsicht über die Kinderschar. In dreißig Gehminuten werden Bachläufe über- und durchquert, warten Hindernisse, die zu überwinden sind, findet sich ein Märchenplatz, an dem ein Geheimnis gelüftet werden muss, stürzen immer wieder große und kleine Wasserfälle tropfensprühend zu Tal. »Hier, auf dem Inspirationsweg im tiefen Wald«, erklären die Leute vom Waldpädagogikverein, »sind die Waldwichtel zu Hause, dazu der Wassermann und die Waldfee. Sie alle freuen sich über lieben Besuch.«

■ **Ort:** *Möggers, Vorarlberg, Österreich/A*
■ **Lage:** *am Schönsteinhof*
■ **Termin:** *immer frei zugänglich*
■ **Rollstuhl/Kinderwagen:** *nicht möglich*
■ **Parken:** *am Schönsteinhof gegen Gebühr*
■ **Außerdem:** *Spende zum Unterhalt erwünscht*
■ **Auskunft:** *Gemeinde Möggers, Weienried 80, A-6900 Möggers, Telefon (00 43) 5 57 38 38 14, www.moeggers.at, www.scheideggerwasserfaelle.de*

Historische Rückblicke

Auf dem Festungsweg

Siebzehn Jahre lang ist von 1842 bis 1859 an der Bundesfestung Ulm/Neu-Ulm beiderseits der Donau gebaut worden. Als das gegen befürchtete Einfälle französischer Truppen errichtete ausgedehnteste Festungswerk Europas mit Baukosten um 17,5 Millionen Gulden endlich fertiggestellt war, hatte die Militärtechnik es bereits überholt. Später sollte sich sogar erweisen, dass es für Kriegszwecke nie benötigt wurde. Teile der Festungswerke und des zehn Kilometer langen Mauerrings wurden zu Beginn des 20. Jahrhunderts abgetragen, um Raum für Gewerbe und Wohnen zu schaffen. Neu-Ulm verlor mehr als die Hälfte seiner Festungsanlagen. In die verbliebenen Teile sind Betriebe, Vereine, Gaststätten, ein Festungsmuseum eingezogen. Diese Reste sind in Architektur und zugrunde liegendem Verteidigungskonzept noch immer eindrucksvoll. Die erhaltenen Werke stehen unter Denkmalschutz. Ein gutes Bild von den Ideen des Festungsbaudirektors Theodor von Hildebrandt vermitteln die Neu-Ulmer Glacisanlagen. Sie sind ein Freizeitgelände geworden mit ausgedehnten Spielplätzen, mit Biergarten, Blumenrabatten, Forellenbächle und sommerlichen Konzerten unter freiem Himmel. Die Mauer steht fest. Die Caponniere, aus der heraus die »toten Winkel« vor der Mauer überwacht wurden, ragt weit vor. Ein Festungsrundweg erschließt und erklärt diesen Neu-Ulmer Anteil an der ehemaligen Militäranlage.

■ **Ort:** *Neu-Ulm, Landkreis Neu-Ulm/NU*
■ **Lage:** *in den Glacisanlagen*
■ **Termin:** *Festungsrundweg und Spielplätze immer frei zugänglich, Sommerkonzerte laut Aushang*
■ **Rollstuhl/Kinderwagen:** *möglich*
■ **Parken:** *an der Ringstraße*
■ **Auskunft:** *Förderkreis Bundesfestung Ulm, Bahnwaldstraße 11, 89233 Neu-Ulm, Telefon (07 31) 1 59 87 79, www.bundesfestung-ulm.de*

Zehn-Millionen-Kilometer-Schritte

Auf dem Planetenweg

Zum zehnjährigen Bestehen der Waldburger Sternwarte wurde im September 2001 der Planetenweg in Waldburg eröffnet. Er beginnt mit der Sonne nah der Sternwarte, führt an Merkur, Venus, Erde und Mars vorbei in nordwestlicher Richtung zur Amtzeller Straße. Dort passiert er Jupiter und Saturn, biegt wenig später am Uranus nach Südwesten in die Hauptstraße ein. Dort trifft er auf Neptun, ehe er mit Pluto am Rathaus endet. Das ist eine kurze Strecke, verglichen mit den ungeheuren Entfernungen im Weltall. Um die neun Planten samt Sonne in maßstabgerechten Abständen im Waldburger Ortsgebiet unterbringen zu können, wurde der mittlere Abstand von 150 Millionen Kilometern zwischen Erde und Sonne zehnmillionenfach verkleinert. Er beträgt in Waldburg also 15 Meter. Folglich drängeln sich Merkur, Venus, Erde, Mars auf recht engem Raum. Mit jedem Meter, den der Wanderer längs des Planetenwegs geht, legt er im Modell zehn Millionen Kilometer zurück. Vom Mars zum Jupiter also 53 Meter oder 534 Millionen Kilometer. Der nächste der Sonne vergleichbare Fixstern Proxima Centauri läge mit einem Durchmesser von zehn Zentimetern nach diesem Maßstab irgendwo im fernen Sibirien.

- **Ort:** *Waldburg, Landkreis Ravensburg/RV*
- **Öffnungszeiten:** *immer frei zugänglich*
- **Rollstuhl/Kinderwagen:** *möglich*
- **Parken:** *im Ort*
- **Außerdem:** *Die Wanderung kann an der Sternwarte, aber auch am Rathaus beginnen.*
- **Auskunft:** *Astronomischer Arbeitskreis Waldburg-Weingarten e. V., Gartenstraße 31, 88255 Baindt, Telefon (07 51) 26 24, www.sternwarte-waldburg.de, Bürgermeisteramt Waldburg, Gästeamt, Hauptstraße 20, 88289 Waldburg, Telefon (0 75 29) 97 17 11, www.gemeinde-waldburg.de*

Durch die Botanik

Fische füttern

Naturschutzzentrum Federsee

L ina Hähnle, Gründerin des »Bund für Vogelschutz«, kaufte 1911 Teile des Federseerieds, um der vorhandenen Tier- und Pflanzenwelt dauerhaft den Lebensraum zu sichern. Der Federsee selbst und seine Riedlandschaft rundum wurden 1939 vollständig unter Naturschutz gestellt. Der »Deutsche Bund für Vogelschutz« (DBV) als Nachfolger der Hähnle-Gründung richtete 1987 gemeinsam mit der Stadt Bad Buchau das »NABU-Naturschutzzentrum Federsee« ein. Heute wird es vom Naturschutzbund Deutschland (NABU) unterhalten, der die Nachfolge des DBV angetreten hat. Das NABU-Naturschutzzentrum bietet Naturerlebnisführungen an, feiert Kindergeburtstage, verleiht Naturerkundungsrucksäcke. Manches ist umsonst, manches kostenpflichtig. Im Naturschutzzentrum selbst gibt es einen Naturladen und einen Treffpunkt für Naturfreunde, eine Vogelausstellung, ein Kräutergärtlein und eine Kamera im Starennistkasten. Die Ausstellung »Natur am Federsee« wird unterhalten mit einer Wildbienenwand, einem Aquarium mit Federseefischen und einem interaktiven Informationscomputer. Die Fütterung der Aquariumsfische lehrt Spannendes über das Leben im Federsee. Der seit 2009 monatlich erscheinende Newsletter berichtet Neuigkeiten rund um die Federseenatur und das Naturschutzzentrum selbst.

- **Ort:** *Bad Buchau, Landkreis Biberach/BC*
- **Lage:** *Federseeweg 6*
- **Öffnungszeiten:** *Sommer: Dienstag bis Freitag 13 bis 17 Uhr, Samstag, Sonn- und Feiertag 11 bis 12 Uhr und 13 bis 17 Uhr, Winter: Donnerstag 13 bis 17 Uhr*
- **Rollstuhl/Kinderwagen:** *möglich*
- **Parken:** *am Federseemuseum*
- **Auskunft:** *NABU-Naturschutzzentrum Federsee, Federseeweg 6, 88422 Bad Bu-chau, Telefon (0 75 82) 15 66, www.NABU-Federsee.de*

Eiszeitgletscher

Im Wurzacher Ried

Seit 1985 betreut das »Naturschutzzentrum Bad Wurzach« die 1813 Hektar große Moorlandschaft des »Wurzacher Rieds«. Sein Einsatz zum Erhalt eines der größten, noch weithin intakten Hochmoorgebiete Europas wurde schon vier Jahre nach seiner Gründung mit dem Europadiplom ausgezeichnet. Im Naturschutzzentrum wird die Dauerausstellung »Faszination Moor« gezeigt. Sie erklärt anschaulich und leicht verständlich, wie sich das Wurzacher Ried über einen Zeitraum von mehr als 20 000 Jahren entwickelt hat. Am Anfang war ein riesiger Gletscher. Im Verlauf der vorerst letzten Eiszeit hatte er sich von den Alpen her weit nach Norden vorgeschoben. In den nachfolgenden wärmeren Jahr-

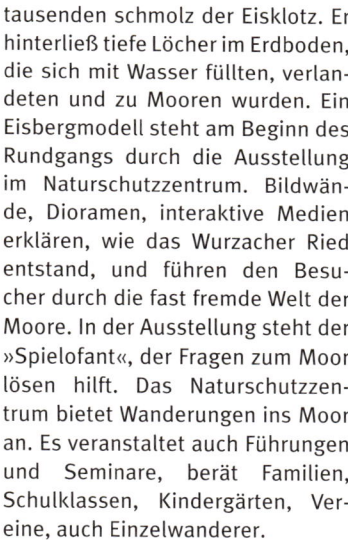

tausenden schmolz der Eisklotz. Er hinterließ tiefe Löcher im Erdboden, die sich mit Wasser füllten, verlandeten und zu Mooren wurden. Ein Eisbergmodell steht am Beginn des Rundgangs durch die Ausstellung im Naturschutzzentrum. Bildwände, Dioramen, interaktive Medien erklären, wie das Wurzacher Ried entstand, und führen den Besucher durch die fast fremde Welt der Moore. In der Ausstellung steht der »Spielofant«, der Fragen zum Moor lösen hilft. Das Naturschutzzentrum bietet Wanderungen ins Moor an. Es veranstaltet auch Führungen und Seminare, berät Familien, Schulklassen, Kindergärten, Vereine, auch Einzelwanderer.

- **Ort:** *Bad Wurzach, Landkreis Ravensburg/RV*
- **Lage:** *Stadtmitte, an der Pfarrkirche St. Verena*
- **Öffnungszeiten:** *Montag bis Samstag 13.30 bis 17 Uhr, Sonn- und Feiertage 10 bis 17 Uhr*
- **Rollstuhl/Kinderwagen:** *möglich*
- **Parken:** *im Stadtgebiet*
- **Auskunft:** *Naturschutzzentrum Bad Wurzach, Rosengarten 1, 88410 Bad Wurzach, Telefon (0 75 64) 9 31 20, www.naturschutzzentren-bw.de*

Die Donau erleben

Im Haus der Natur

Das Bahnhofsgebäude von Beuron im Oberen Donautal dient schon lange nicht mehr dem Fahrkartenverkauf oder als Wartesaal. Wohl aber halten noch immer Züge im Zweistundentakt. Sommertags ist zusätzlich der »Naturpark-Express« im Tal unterwegs. Im Jahr 1996 haben der »Naturpark-Verein Obere Donau« und das »Naturschutzzentrum Beuron« gemeinsam im ehemaligen Bahnhofsgebäude das »Haus der Natur« eingerichtet. Zweck ist es, die landschaftliche Schönheit und Einzigartigkeit der »Oberen Donau« zu pflegen. Dazu wird eine Dauerausstellung unterhalten, die in die Besonderheiten der Region einführt. Sie stellt das tief in die Schwäbische Alb eingeschnittene Donautal vor, greift auch hinaus auf die angrenzenden Hochflächen der Schwäbischen Alb. Das Haus der Natur ist auf Kinderbesuche eingerichtet. Das knuffelige Schaf Resi »erzählt« von der Landschaft um Beuron, von der Schwäbischen Alb, von Wacholderheiden und vielem mehr. Alles, was im Haus ausgestellt ist, darf angefasst, ausprobiert, bespielt werden. Wechselausstellungen werden veranstaltet zu Themen mit Bezug auf die Region. Der »Naturpark-Ranger« wandert mit Kind und Kegel und Familien hinaus in Feld und Flur. Gemeinsam werden Pflanzen und Tiere bestimmt, denen die Wanderer auf ihrem Weg begegnen, Wasserproben genommen, um den Zustand der Donau zu bestimmen.

- **Ort:** *Beuron, Landkreis Sigmaringen/SIG*
- **Lage:** *am Bahnhof*
- **Öffnungszeiten:** *Montag bis Freitag 9 bis 17 Uhr, im Sommer auch Samstag und Sonntag 13 bis 17 Uhr*
- **Rollstuhl/Kinderwagen:** *möglich*
- **Parken:** *am »Haus der Natur«*
- **Auskunft:** *Naturschutzzentrum Obere Donau, Haus der Natur, Wolterstraße 16, 88631 Beuron, Telefon (0 74 66) 9 28 00, www.naturpark-obere-donau.de*

Blume des Jahres 2010

Im Eriskircher Ried

Das Eriskircher Ried gilt als größtes und wertvollstes Naturschutzgebiet am Nordufer des Bodensees. Von Mitte Mai bis Anfang Juni zeigt es sich in einem zauberhaften Gewand: Zehntausende »Sibirische Schwertlilien« (Iris sibirica) – Blume des Jahres 2010 – stehen in Blüte. Fast endlos scheint der lichtblaue Farbteppich. Aber auch zu anderen Jahreszeiten ist das Ried um Eriskirch eine wunderbare Landschaft. Sogar im Winter, wenn Stein und Bein gefriert und nordische Wasservögel in Scharen den Bodensee bevölkern, darunter Singschwäne und Wildgänse. Tier- und Pflanzenwelt am Bodensee werden im »Naturschutzzentrum Eriskirch« erklärt. Es wurde 1994 im alten Eriskircher Bahnhof eingerichtet. Die Unterhaltskosten teilen sich das Land Baden-Württemberg und der Bodenseekreis. Die Gemeinde gab das Bahnhofsgebäude. »Natur erleben – erkennen – schützen« ist das Motto des Zentrums. Im Haus wird eine Dauerausstellung über den Bodensee und das Eriskircher Ried unterhalten. Regelmäßige Sonderausstellungen behandeln Naturthemen aller Art. Das Jahresprogramm weist die Termine der Führungen aus. Fast alle Angebote sind kostenlos.

- **Ort:** *Eriskirch, Bodenseekreis/FN*
- **Lage:** *im alten Bahnhof*
- **Öffnungszeiten:** *Das Eriskircher Ried ist immer frei zugänglich, die Ausstellung von April bis September Dienstag bis Sonntag und Feiertag 14 bis 17 Uhr, Freitag zusätzlich 9 bis 12 Uhr, Oktober bis März: Dienstag bis Donnerstag 14 bis 16 Uhr, Freitag 9 bis 12 Uhr, Sonntag und Feiertag 14 bis 17 Uhr*
- **Rollstuhl/Kinderwagen:** *möglich*
- **Parken:** *am Naturschutzzentrum*
- **Auskunft:** *Naturschutzzentrum Eriskirch, Bahnhofstraße 24, 88097 Eriskirch, Telefon (0 75 41) 8 18 88, www.naz-eriskirch.de*

Bananen und Zuckerrohr

Botanischer Garten in Konstanz

werden und zum weltweiten Artenschwund beitragen. Siebzehn Stationen erklären Ursachen, Mechanismen und Folgen solcher pflanzlicher Invasionen. In der Freilandabteilung gedeihen seltene Pflanzen aus der Bodenseeregion, eine Apfelanlage, Nutzpflanzen und Wildkräuter. Unter den Gewächshausdächern werden 160 tropische Nutzpflanzen kultiviert – Banane und Kaffee, Vanille, Ananas, Baumwolle, Zuckerrohr, Erdnuss, Kakao und viele mehr.

Sechs Jahre nach ihrer Gründung erhielt die Universität Konstanz 1972 ihren ersten »Botanischen Garten«. Er wurde über Jahrzehnte ständig erweitert und verfügt heute über eine Freilandabteilung mit Lehrpfaden, über Gewächshäuser und Sammlungen. Der 2002 angelegte »Ökologische Waldlehrpfad« besteht aus einer Waldparzelle, die seit drei Jahrzehnten nicht mehr durchforstet wird. Am Weg liegen dreißig Stationen, die in einem Begleitheft beschrieben sind. Der Station »Zersetzungsreihe« beispielsweise wird jährlich ein Buchen- und ein Fichtenstamm hinzugelegt, um die Zersetzung liegenden Holzes zu dokumentieren. Der »Invasionsbiologische Lehrpfad« legt offen, wie fremdländische Pflanzen eingeschleppt

- **Ort:** *Konstanz, Landkreis Konstanz/KN*
- **Lage:** *am Heizwerk, 250 m nordwestlich des Parkplatzes Nord der Universität*
- **Öffnungszeiten:** *Montag bis Donnerstag 8 bis 15.45 Uhr, Freitag 8 bis 14 Uhr frei zugänglich*
- **Rollstuhl/Kinderwagen:** *möglich*
- **Parken:** *am Parkplatz Nord*
- **Außerdem:** *Am ersten Sonntag im Monat finden um 10 Uhr und 11.30 Uhr kostenlose Führungen statt; zu beiden Lehrpfaden gibt es vom Gartenpersonal ausführliche Begleithefte*
- **Auskunft:** *Botanischer Garten, Universität Konstanz, 78457 Konstanz, Telefon (0 75 31) 88 35 97, www.uni-konstanz.de*

Unkräuter züchten

Im Ulmer Botanischen Garten

Der Botanische Garten der Universität Ulm zählt mit seinen 28 000 Quadratmetern zu den größten Universitätsgärten in Deutschland. Das parkähnliche, östlich der Hochschule am Hang des Eselsbergs liegende Freiland besteht zu großen Teilen aus natürlichen Wald- und Wiesenflächen, aus Streuobstwiesen, Feuchtgebieten und mehreren Themengärten. Es gibt den Apotheker- und den Bauerngarten, das Rosarium, den Taglilien-Schaugarten. Besonderes Augenmerk wird den Ackerwildkräutern gewidmet. Von diesen gemeinhin als »Unkraut« bezeichneten Pflanzen sind in Baden-Württemberg rund 220 Arten bekannt, von denen siebzehn als ausgestorben gelten. Weitere 75 stehen auf der Roten Liste als gefährdet oder vom Aussterben bedroht. In Ulm werden diese »Unkräuter« gehätschelt. Mitten im Garten steht eine schattenspendende Pergola mit Ruhebänken und dem Rosengarten. Die Biologische Abteilung dient den Studenten als »lebendiges Lehrbuch«, in dem immer mal wieder auch Schulklassen »blättern«. Das obere Ende des Gartens nehmen die Gewächshäuser ein. In ihnen werden eine Vielzahl Nutz- und Heilpflanzen aus den Tropen und den Subtropen kultiviert. Gehalten werden auch Farne, Ananasgewächse und Usambaraveilchen. Der Besucher der Gewächshäuser gewinnt einen guten Eindruck von der fremden Welt der tropischen Regenwälder.

- **Ort:** *Ulm, Stadtkreis Ulm/UL*
- **Lage:** *am nordwestlichen Stadtrand*
- **Öffnungszeiten:** *März bis Oktober täglich 9 bis 20 Uhr, November bis Februar täglich 9 bis 16.30 Uhr frei zugänglich*
- **Rollstuhl/Kinderwagen:** *streckenweise möglich*
- **Parken:** *kostenfrei am Zugang Lehrertalstraße*
- **Auskunft:** *Botanischer Garten der Universität Ulm, Hans-Krebs-Weg, 89081 Ulm, Telefon (07 31) 5 03 13 51, www.uni-ulm.de*

Sommerklassenzimmer

Im SHB-Naturschutzzentrum

Die vermoorte Talaue des »Pfrunger-Burgweiler Rieds« bedeckt eine Fläche von rund 2600 Hektar. Sie bildet nach dem gut 400 Hektar größeren Federseeried das zweitgrößte Moorgebiet Südwestdeutschlands. Seit 1994 betreut der Schwäbische Heimatbund (SHB) mit seinem Naturschutzzentrum Wilhelmsdorf die Schutzgebiete dieses Rieds. Eine Dauerausstellung im Haus schildert die geologische Entwicklung, die Kulturgeschichte, die Ökologie des Moors. In einer Mitmach-Schau lernen Kinder die Natur kennen und achten. Schulklassen und Jugendgruppen nutzen das Sommerklassenzimmer und die Naturerlebnisschule. Die Ausstattung mit Ferngläsern, Spektiven, Binokularen (Stereo-Mikroskope), Mikroskopen und einer Videoanlage erlaubt zeitgemäßen Unterricht, ergänzt um das Naturerlebnis im Moor. Das Naturschutzzentrum liegt unmittelbar am Rand eines Moorgebiets, in dem noch vor wenigen Jahrzehnten in Handarbeit Torf als Brennmaterial gewonnen wurde. Zwei kurze Wanderwege führen hinein. Auf federndem Grund geht es an dunklen Wasserkuhlen entlang über hölzerne Stege und Brücken. Schautafeln erläutern, worauf zu achten ist und wie das Moor entstand. Zwischendurch wird die Wasserscheide zwischen Rhein und Donau überschritten.

- **Ort:** *Wilhelmsdorf, Landkreis Ravensburg/RV*
- **Lage:** *Ortsrand*
- **Öffnungszeiten:** *Moorpfade immer frei zugänglich, Naturschutzzentrum März bis Oktober Sonn- und Feiertage 13.30 bis 17 Uhr, werktags zu Bürozeiten und auf Anfrage*
- **Rollstuhl/Kinderwagen:** *möglich, nicht auf den Moorpfaden*
- **Parken:** *am Naturschutzzentrum*
- **Auskunft:** *SHB-Naturschutzzentrum Pfrunger-Burgweiler Ried, Riedweg 3, 88271 Wilhelmsdorf, Telefon (0 75 03) 7 39, www.schwaebischer-heimatbund.de*

Sprung
ins Wasser

Wilde Sprünge

In den Olzreuter See

Olzreute ist einer von vierzehn Stadtteilen der Kurstadt Bad Schussenried. Unter dem Namen »Udilruti« kam der Ort, der jahrhundertelang immer mehreren Besitzern gehörte, in den Jahren 1183 bis 1365 nach und nach in den Besitz des Prämonstratenserklosters Schussenried. Vom Dorf Olzreute hat der am Ortsrand liegende kleine See seinen Namen. Er ist gut zehn Hektar groß, misst an der tiefsten Stelle 7,60 Meter, ist an den Rändern fast völlig mit Schilf und Riedgras und Weidengebüsch dicht bewachsen und nur an wenigen Stellen zugänglich. Im Ort Olzreute liegt etwas abseits der »Seestraße«, gleich hinter dem Gasthaus »Zum Seehof«, ein schöner kleiner Badeplatz. Eine Liegewiese gehört dazu. Auch eine Kaltwasserdusche ist vorhanden. Ein Holzbohlensteg für weite und hohe Sprünge, für

Arschbomben, Bauchplatscher und elegante Kopfsprünge führt ein paar Meter weit in den See hinein. Von ihm gehen auch Trittstufen ins Wasser. Eine Badeaufsicht gibt es nicht. Der Besuch des Badeplatzes kostet eine Kleinigkeit, falls bei richtig schönem Badewetter der kleine Kiosk am Zugang besetzt ist. Falls nicht, ist der Besuch kostenlos. Der Olzreuter See ist – wie die meisten stehenden Gewässer Oberschwabens – ein Überbleibsel aus der Eiszeit. Die Alpengletscher hatten sich vor mehr als 18 000 Jahren weit nach Norden vorgeschoben und beim Abschmelzen tiefe Löcher hinterlassen. In diesen bildeten sich später Seen wie der bei Olzreute.

■ **Ort:** *Bad Schussenried-Olzreute, Landkreis Biberach/BC*
■ **Lage:** *am Ortsrand, hinter dem Gasthaus »Zum Seehof«*
■ **Öffnungszeiten:** *immer zugänglich*
■ **Rollstuhl/Kinderwagen:** *möglich*
■ **Parken:** *Parkplatz am Gasthaus*
■ **Außerdem:** *Geringe Gebühr bei »richtigem« Badewetter*
■ **Auskunft:** *Gasthaus »Zum Seehof«, Familie Härle, Seestraße 8, 88427 Bad Schussenried, Telefon (0 75 83) 22 78*

Natürlich baden

Im Lindenweiher

Ein paar Kilometer südlich der Kreisstadt Biberach an der Riß liegt in einer stillen Landschaft beim Dörfchen Unteressendorf das »Naturschutzgebiet Lindenweiher«. Es umfasst eine Fläche von knapp fünfzig Hektar mit rund 330 Pflanzen und mehr als 40 Vogelarten, die dort heimisch sind. Zugvögel finden in Strauch und Busch, im Wasser und an den Ufern einen wichtigen Rast- und Nahrungsplatz. Den Namen hat das Schutzgebiet von dem kleinen, mittendrin liegenden Lindenweiher. Der ist nur dreieinhalb Hektar groß mit einer mittleren Wassertiefe von 90 Zentimetern. Die größte Tiefe erreicht der abflusslose See bei gut zwei Metern. Sein Wasserspiegel ist vom Grundwasserstand abhängig. In den vergangenen fünfzig Jahren soll der Weiher die Hälfte seines Wassers verloren haben. Auf einer künstlichen Insel wurde im frühen Mittelalter die Wasserburg »Uf der Linden« angelegt. Im Bauernkrieg wurde sie 1525 niedergebrannt, danach nie wieder aufgebaut. Für das Jahr 1417 wird eine Wassermühle erwähnt. Aus ihr hat sich ein landwirtschaftlicher Betrieb entwickelt. Der hält an Wochenenden die Gastwirtschaft »Lindenmühle« mit Biergarten offen. Ein Teil des Lindenweihers wird als Badesee genutzt – mit natürlich trübem Wasser. Die Badestelle ist flach, das Ufer unbefestigt. Zwei, drei Bänke stehen im Gelände. Die Liegewiese unter Bäumen reicht bis ans Ufer. Es gibt keine Umkleidekabinen und keine Badeaufsicht. Ein Wanderweg führt in den Schilfgürtel, der fast den ganzen See umgibt.

■ **Ort:** *Hochdorf-Unteressendorf, Landkreis Biberach/BC*
■ **Lage:** *1 Kilometer nordwestlich von Unteressendorf*
■ **Öffnungszeiten:** *Wirtschaft »Lindenmühle« freitags bis sonntags 11 bis 23 Uhr, der Badesee ist immer frei zugänglich*
■ **Parken:** *im Wäldchen an der Badestelle oder am Biergarten »Lindenmühle«*
■ **Auskunft:** *Wirtschaft »Lindenmühle«, Telefon (0 73 55) 4 88*

Schleusen öffnen

Am Wasserspielplatz

Auf halber Strecke zwischen Friedrichshafen und Meersburg liegt das rund 6000 Einwohner große Immenstaad. Der Ort wurde mehrfach Sieger im Wettbewerb »Ferien mit der Familie in Baden-Württemberg«. Am Landungssteg der Fahrgastschiffe liegt ein Wasserspielplatz mit Schleusen, Staudämmen, einem Spielbrunnen, aus dem das Wasser nur so spritzt. Seit 2009 gibt es neue Spielgeräte wie »Tempo, kleine Schnecke« und einen großen »Memory-Spielkasten«. Das Strandbad kostet Eintritt, aber gleich nebenan führt ein kostenfreier Zugang zum Badeplatz am See. Im Immenstaader Ortsteil Kippenhausen unterhält der Heimatverein im Fachwerkhaus von 1796 ein kleines Heimatmuseum.

Es bietet Gelegenheit zum kurzen Streifzug durch die Geschichte Immenstaaads. Gezeigt werden Puppenstuben, Trachten und Kostüme der alemannischen Fastnacht, Taschen- und Turmuhren. Eine Eisenwarenhandlung ist ausgestellt, eine alte Küche, eine Wohnstube, dazu Gerät verschiedener Handwerksberufe. Eine Besonderheit ist der Immenstaader »Apfelweg«. Auf zwanzig Stationen und acht Kilometern erklärt er, was es am Bodensee mit dem Anbau von Obst und anderen Früchten auf sich hat.

■ **Ort:** *Immenstaad, Bodenseekreis/FN*
■ **Lage:** *Landungssteg, Strand, Museum: Montfortstraße 13*
■ **Öffnungszeiten:** *Spielgerät und Wasserspielplatz immer frei zugänglich. Museum: Ostern bis Ende September Samstag, Sonn- und Feiertag 14 bis 18 Uhr*
■ **Rollstuhl/Kinderwagen:** *am Strand möglich, im Museum nicht möglich*
■ **Parken:** *im Ort. Apfelweg: Parkplatz am Friedhof*
■ **Auskunft:** *Tourist-Information Immenstaad, Dr.-Zimmermann-Straße 1, 88090 Immenstaad, Telefon (0 75 45) 20 11 10, www.immenstaad.de*

In luftiger Höhe

Im Waldsee baden

Mit einigem Stolz und wohl auch zu Recht schmückt sich Lindenberg mit sonnigen Titeln. Im Jahr 2005 wurde die Bergstadt im Allgäu als »Sonnigster Ort Bayerns« ausgezeichnet. Im Jahr darauf steigerte sich Lindenberg gar zum »Sonnigsten Ort Deutschlands«. Auf die Zahl von jährlich mehr als 2000 Sonnenstunden haben die Lindenberger selbst nun zwar keinen großen Einfluss. Besucher aber können wohl ziemlich sicher sein, fast immer eine angenehme Wetterlage vorzufinden. So spricht denn einiges dafür, auch in einer Höhenlage von 765,40 Metern ein Freibad zu besuchen. Lindenbergs Waldseebad gilt als Deutschlands höchstgelegener Moorbadesee. Bis zum Jahr 2007 war dort baden noch kostenpflichtig. Dann wurden der See,

die Badeanlagen, die Liegewiesen, die Spielfelder grundlegend neugestaltet. Am 28. Juni 2008 waren die Arbeiten abgeschlossen, seither ist der Besuch des Waldseebads völlig kostenfrei. Es gibt zwei »Ruhezonen«, die als Liegewiesen genutzt werden, und eine »Aktivzone« mit Tischtennisplatten, einem Rasenspielfeld und einem Beach-Volleyballplatz. Kinder aller Altersgruppen finden Schaukeln und Klettergerüste, ein Piratenschiff und eine Sandspielfläche. Sonnendecks und -bänke sind vorhanden, dazu ein Kiosk mit Sonnenterrasse. Der Moorlehrpfad gleich nebenan erklärt, wie und warum ein Moor entsteht und wie nützlich es ist.

■ **Ort:** *Lindenberg im Allgäu, Landkreis Lindau/LI*
■ **Lage:** *am nordwestlichen Ortsrand*
■ **Öffnungszeiten:** *täglich ab 5 Uhr frei zugänglich*
■ **Rollstuhl/Kinderwagen:** *möglich*
■ **Parken:** *in der Austraße*
■ **Außerdem:** *Duschen und Toiletten für Behinderte*
■ **Auskunft:** *Tourist-Information, Stadtplatz 1, 88161 Lindenberg im Allgäu, Telefon (0 83 81) 8 03 28, www.lindenberg.de*

Baden im Winter

In den Warmen Quellen

Naturwissenschaftler können fast alles erklären. Sie wundern sich auch nicht über die »Warmen Quellen« bei Munderkingen. Dem Laien bietet sich da schon ein erstaunliches Bild. Im tiefsten Winter, wenn Stein und Bein gefriert, bildet sich auf den warmen Quellen nicht die geringste Eisschicht. Von der Wasseroberfläche steigen beständig dünne Nebelschleier auf. Sie setzen sich als Rauhreif an Bäumen, Sträuchern, Gräsern ab, die rund um den kleinen Quelltopf stehen. Aus den Warmen Quellen speist sich einer der

kürzesten Nebenflüsse der Donau, nur gut einen Kilometer lang. Der Bach, sagen die Geologen, erhält sein Wasser aus einem heißen unterirdischen See. Der liegt in 170 Metern Tiefe und presst wegen des dort herrschenden Überdrucks das Wasser an die Erdoberfläche. Dabei werden Luftbläschen mitgeführt, die an der Wasseroberfläche zerplatzen. Auf seinem Weg nach oben geht dem aufsteigenden heißen Wasser kontinuierlich eine Menge Wärme verloren. Aber es kommt immer noch mit 18 Grad in den Warmen Quellen an – winters wie sommers. Eine kleine Badestelle ist eingerichtet. Eine kurze Leiter führt ins Wasser. Auf einem Steg steht eine Badehütte. Seife soll hier nicht verwendet werden. Hin

und wieder trifft der Besucher – versteckt im Ufergesträuch – ein paar Exemplare der Europäischen Sumpfschildkröte an. Eine Badeaufsicht gibt es nicht.

- **Ort:** *Munderkingen, Alb-Donau-Kreis/UL*
- **Lage:** *am Westrand des Weilers Algershofen, südwestlich von Munderkingen*
- **Öffnungszeiten:** *immer frei zugänglich*
- **Rollstuhl/Kinderwagen:** *möglich*
- **Parken:** *in Algershofen*
- **Auskunft:** *Stadt Munderkingen, Marktstraße 1, 89597 Munderkingen, Telefon (0 73 93) 59 80, www.munderkingen.de*

Wasserwelten

Im Seepark Linzgau

Im Jahr 2001 ist der »Seepark Linzgau« am westlichen Stadtrand Pfullendorfs entstanden. Er wurde innerhalb des ersten baden-württembergischen Grünprojekts »Natur in Stadt und Land«, sozusagen eine »Kleine Landesgartenschau«, in einem aufgelassenen Kiesgrubengelände angelegt. Binnen kurzer Zeit hat sich die ausgedehnte Parkanlage zu einem beliebten Ausflugsziel vor allem für Familien mit Kindern entwickelt. Gleich am Eingang liegen die »Wasserwelten«, ein großes Spielgelände, in dem mit Schaufel und Eimer, mit Pumpen und Spritzen in Sand und fließendem Wasser geschafft werden kann. Das »Wasserspielmobil« ist eine besonders spannende Angelegenheit. Von allen Seiten ergießen sich Wasserkaskaden in einen Teich, vorausgesetzt, es wird eifrig mit Eimern geschöpft. An anderen Stellen wird Wasser gepumpt, geschaufelt, mit der »Archimedischen Schraube« transportiert. Weidenhütten sind zum Versteckspiel da. Tischtennis und Tischkicker stehen bereit. Platz ist auch für Fuß- und Volleyball, für Speedminton und mehr. Bälle und Schläger können gratis gegen Pfand ausgeliehen werden. Nebenan gibt es den gut 1700 Meter langen Planetenweg, den das Staufergymnasium entwickelt hat. Im Winter ermög-

licht das Eiszelt gefahrloses Schlittschuhlaufen. Zum Seepark gehören auch ein Badestrand, ein Abenteuer-Golfspiel, eine Wasserskianlage, ein Tierpark und die Gastronomie – die Nutzung dieser Angebote ist allerdings gebührenpflichtig.

- **Ort:** *Pfullendorf, Landkreis Sigmaringen/SIG*
- **Lage:** *am westlichen Stadtrand*
- **Öffnungszeiten:** *Täglich von 9 Uhr bis Sonnenuntergang*
- **Rollstuhl/Kinderwagen:** *möglich*
- **Parken:** *kostenloses Parken am Eingang zum Linzpark*
- **Auskunft:** *Seepark Linzgau, Kirchplatz 1, 88630 Pfullendorf, Telefon (0 75 52) 25 11 31, www.seepark-linzgau.de*

600 Käfer

Am Mindelsee

Die Halbinsel Bodanrück schiebt sich von Westen her weit in den Bodensee vor. Mehrere Gletschervorstöße der Eiszeiten haben ihr eine von Südost nach Nordwest verlaufende Geländefurche eingegraben. In ihr liegt weltabgeschieden der kleine Mindelsee. Er war einst ein stattliches Gewässer mit fünf Kilometern Länge. Im Verlauf von mehr als zehntausend Jahren ist er in weiten Teilen verlandet. Heute ist er bei einer Größe von 115 Hektar nur noch 2200 Meter lang, rund 570 Meter breit mit einer größten Tiefe von fünfzehn Metern. Ein paar winzige Bäche führen ihm Wasser zu, das durch den Weinort Markelfingen zum Bodensee fließt. Der See selbst und die Landschaft drumherum bilden das gut 411 Hektar große »Naturschutzgebiet Mindelsee«. In ihm kommen mehr als 700 verschiedene Blütenpflanzen vor, dazu hunderte Moos- und Algenarten. Vielfältig und artenreich ist auch die Tierwelt. Gut 400 verschiedene Schmetterlinge, mehr als 600 Käferarten und mindestens 40 verschiedene Libellen sind nachgewiesen. Fast 100 Vogelarten brüten regelmäßig rund um den See, unter ihnen die seltenen Drosselrohrsänger, Neuntöter, Schwarzkehlchen. Nahe dem Nordwestende des Sees liegt zwischen Busch und Strauch verborgen ein winziger Badeplatz. Ein Steg führt ein paar Meter in den See hinaus. Baden und Planschen sind erlaubt. Hunde sollen nicht mitgebracht werden.

- **Ort:** *Radolfzell, Landkreis Konstanz/KN*
- **Lage:** *nordöstlich des Stadtteils Markelfingen*
- **Öffnungszeiten:** *See und Badeplatz sind immer frei zugänglich*
- **Rollstuhl/Kinderwagen:** *nicht möglich*
- **Parken:** *Wanderparkplatz Möggingen*
- **Außerdem:** *Wanderweg um den See 8 km*
- **Auskunft:** *Tourist-Information, Bahnhofplatz 2, 78315 Radolfzell, Telefon (0 77 32) 8 15 00, www.radolfzell.de*

Nur nicht sinken

Bei der Schrottregatta

Janek und Nico, acht und zehn Jahre alt, aus Oberuhldingen haben im Juli 2009 auf der 26. Unteruhldinger »Schrottregatta« unter acht Konkurrenten den ersten Platz errungen. Mit Hilfe einer Heißklebepistole hatten sie neunzig Kunststoffflaschen zu einem 250 mal 90 Zentimeter kleinen Floß zusammengefügt. Ihr »Saftkutter« schwamm tatsächlich und kam unter dem Motto »Viel trinken – nicht sinken« sicher ins Ziel. Die Schrottregatta ist seit mehr als zweieinhalb Jahrzehnten Aushängeschild des Unteruhldinger Hafenfests. Mehr als 5000 Zuschauer drängeln sich regelmäßig an den Hafenmauern, wenn die mehr oder weniger schwimmfähigen, immer aber originellen Wasserfahrzeuge mit dem Startschuss auf die 400 Meter lange Strecke geschickt werden. Mit dabei in all den Jahren internationale, überaus seetüchtige Konkurrenz aus der Schweiz. In Sichtweite des Regattatrubels liegt – zwischen den Hafenanlagen und dem Pfahlbaumuseum – Unteruhldingens Naturstrandbad aus Kieselsteinen mit weitem Flachwasserbereich. Zu ihm gehören eine große Liegewiese, ein Spielplatz, ein Beach-Volleyballfeld und eine Tischtennisanlage; uralte Trauerweiden spenden Schatten.

■ **Ort:** *Uhldingen-Mühlhofen, Bodenseekreis/FN*
■ **Lage:** *am Unteruhldinger Hafen*
■ **Termin:** *»Hafenfest« immer am letzten Wochenende vor Baden-Württembergs Sommerferien, Schrottregatta am Sonntag*
■ **Rollstuhl/Kinderwagen:** *möglich*
■ **Parken:** *außerhalb des Orts, von dort sind es zehn Minuten zu Fuß zum Hafen*
■ **Außerdem:** *in den Sommermonaten sonntags bei gutem Wetter um 17 Uhr Promenadenkonzert am Hafen*
■ **Auskunft:** *Tourist-Information Uhldingen-Mühlhofen, Schulstraße 12, 88690 Uhldingen-Mühlhofen, Telefon (0 75 56) 92 16 13, www.uhldingen-muehlhofen.de*

Am Wasser entlang

Treppe zum See

In der Mariaschlucht

Die Nordküste der Halbinsel Bodanrück im westlichen Bodensee stürzt über weite Strecken steil, fast senkrecht in den Überlinger See. Die Felswände haben eine Höhe von mehr als zweihundert Metern. In dieses mächtige Gestein hat fließendes Wasser in Jahrtausenden tiefe Kerben geschürft. Das Idrichstal und das Effletal sind entstanden, das Steckenloch mit dem Lispertal und das Teufelstal. Einen besonders wilden Einschnitt bildet die »Mariaschlucht«, östlich von Langenrain. Schon 1897 hat ein Graf von Bodman die Schlucht mit hölzernen Treppenstufen, mit Stegen und Brücken begehbar machen lassen. Er gab dem kleinen Naturwunder den Namen Mariaschlucht, nach dem Vornamen seiner Braut. Das Treppenbauwerk wurde im Jahr 2008 komplett erneuert. Der Abstieg hinab zum See beginnt unterhalb der Ruine der einstigen Burg Kargegg, die 1525 im Bauernkrieg zerstört wurde. Anfangs führen in den Boden eingearbeitete Stufen bergab. Bald folgen hölzerne Trittstufen. Der Treppensteg läuft mal auf dieser, dann auf jener Seite der Schlucht. Schließlich ist er mitten in ihr aufgehängt. An den Seiten ist kein Raum mehr. Die senkrecht aufsteigenden Felswände rücken auf fast einen Meter Abstand zusammen. Und in der Tiefe gurgelt der Bach, der seit Jahrtausenden an der Schlucht arbeitet.

■ **Ort:** *Allensbach, Landkreis Konstanz/KN*
■ **Lage:** *östlich des Allensbacher Ortsteils Langenrain*
■ **Öffnungszeiten:** *immer frei zugänglich*
■ **Rollstuhl/Kinderwagen:** *nicht möglich*
■ **Parken:** *oberhalb der Mariaschlucht*
■ **Außerdem:** *an Sommerwochenenden oft Hochbetrieb, bei feuchter Wetterlage sind die Stufen rutschig*
■ **Auskunft:** *Kultur- und Verkehrsbüro, Im Bahnhof, Konstanzer Straße 12, 78476 Allensbach, Telefon (0 75 33) 8 01 35, www.allensbach.de*

Sebastian-Kneipp-Tour

Auf dem Stadtsee Aktiv-Weg

Der katholische Geistliche Sebastian Kneipp hat im 19. Jahrhundert zwar nicht als erster, aber doch besonders eindringlicher Prediger den Nutzen kalten und warmen Wassers für die Gesunderhaltung des Körpers verbreitet. Noch heute erreichen seine Bücher zur Wasserkur und zum gesunden Leben hohe Auflagen. Immer mehr Orte eifern Kneipps Naturheilverfahren nach und legen sich zumindest eine »Wassertretstelle« zu. Auch die Kurstadt Bad Waldsee, seit 1950 schon Moorheilbad und Kneippkurort, animiert seine Einwohner und Gäste zum öffentlichen Wassertreten nach Sebastian Kneipp. Rund um den mitten im Kurort liegenden Stadtsee führt seit ein paar Jahren schon der gut zwei Kilometer lange »Stadtsee Aktiv-Weg«. Auf der kurzen Runde, die bis auf zwei, drei kleine Lücken fast ständig am Seeufer verläuft, machen sich die Leute freiwillig die Füße nass. Sieben Mitmachstationen sind längs des Fußwegs verteilt. Die »Wassertretstelle« wirkt harmonisierend auf Körper, Geist und Seele, heißt es. An den »Wasservisionen« kann man einiges lernen über das kühle, frische Nass. Weitere Wegstationen sind die »Kräuterspirale«, das »Labyrinth«, der »Garten der Sinne«, der »Barfußpfad«. Hier werden die Fußsohlen zum Prickeln gebracht, dort angenehme Düfte in die Nase geleitet. Die Ideen des Pfarrers Sebastian Kneipp sind am See ständig präsent. Auf ein paar Schautafeln können sie sogar nachgelesen werden.

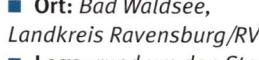

- **Ort:** *Bad Waldsee, Landkreis Ravensburg/RV*
- **Lage:** *rund um den Stadtsee, Stadtmitte*
- **Öffnungszeiten:** *immer frei zugänglich*
- **Rollstuhl/Kinderwagen:** *möglich*
- **Parken:** *Parkplätze am Rand der Innenstadt*
- **Auskunft:** *Kur & Touristik, Kurverwaltung, Ravensburger Straße 3, 88339 Bad Waldsee, Telefon (0 75 24) 94 13 42, www.bad-waldsee.de*

Schöne, traurige Lau

Im Blautopf

» Im Schwabenlande, auf der Alb, bei dem Städtchen Blaubeuren, dicht hinter dem Mönchskloster, sieht man nächst einer jähen Felsenwand den großen runden Kessel einer wundersamen Quelle, der Blautopf genannt.« Mit diesem Satz beginnt Eduard Mörike seine »Historie von der schönen Lau«.

Die junge Frau, eine Fürstentochter halbmenschlichen Geblüts, war mit einem alten Donaunix am Schwarzen Meer vermählt, erzählt der Dichter. »Ihr Mann verbannte sie, darum, dass sie nur tote Kinder hatte. Das aber kam, weil sie stets traurig war«. Die schöne Lau musste den Königshof nah der Donaumün-

dung verlassen und zum Blautopf ziehen, wo ihre Schwägerin lebte. Die Schwiegermutter hatte der Verbannten zwar Kammerzofen und Dienstmägde mitgegeben, ihr aber geweissagt, »sie möge eher nicht eines lebenden Kindes genesen, als bis sie fünfmal von Herzen gelacht haben würde«. Der Gang um den Quelltopf des Flüsschens Blau macht nachdenklich. Mit jedem Schritt des Wanderers ändert sich das Bild der meist wie verwunschen daliegenden Quelle. Je nach Lichteinfall und Sonnenstand nimmt der Blautopf eine lichtgrüne bis intensiv blaue Färbung an. Das Wasser bezieht er aus einem 150 Quadratkilometer großen Abschnitt der Schwäbischen Alb. Unterirdisch strömt es in Höhlen, Klüften, Spal-

ten des porösen Kalkgesteins heran. In jeder Sekunde ergießen sich durchschnittlich 2230 Liter in den Blautopf.

■ **Ort:** *Blaubeuren, Alb-Donau-Kreis/UL*
■ **Lage:** *am nordwestlichen Stadtrand*
■ **Öffnungszeiten:** *immer frei zugänglich*
■ **Rollstuhl/Kinderwagen:** *möglich*
■ **Parken:** *im Stadtgebiet unweit des Blautopfs*
■ **Auskunft:** *Tourismuszentrale Blaubeuren, Aachgasse 7, 89143 Blaubeuren, Telefon (0 73 44) 92 10 25, www.blaubeuren.de*

Fluss ohne Wasser

In der Donauversinkung

An rund 200 Tagen im Jahr durchquert der Wanderer trockenen Fußes die Donau – von einem Ufer zum anderen und zurück. Völlig wasserleer liegt das Flussbett da. Eine langgestreckte Wüstenei aus Millionen glatt und rund geschliffenen Kieselsteinen dehnt sich zwischen Immendingen und Fridingen. Die Donau ist versunken, verschwunden im porösen Kalkgestein der Schwäbischen Alb, die sie dort passiert. Ungezählte Schluclöcher am Grund des Flussbetts haben ihr Wasser in den Untergrund gesogen. Da kommt schon mal die Frage auf, was denn die Donau eigentlich sei. Bleibt das nackte Flussbett auch ohne Wasser dennoch die Donau? Oder verliert ein Strom nicht doch seinen Namen, wenn nichts mehr im Bett fließt? Nun ja, das Wasser strömt ja an allen anderen Tagen des Jahres. Dann verliert die Donau zwar auch gut 8000 Liter in jeder Sekunde an den Untergrund. Doch es kommt jahreszeitlich bedingt derart viel Wasser nach, dass die Schluclöcher nicht alles fassen können. Die Donau ist wieder da. Oder war sie gar nicht weg? Wie auch immer – unterirdisch fließt das versickerte Wasser das ganze Jahr hindurch in Spalten, Klüften, Höhlen ab. Zwölf Kilometer weiter und nach einem Gefälle von 174 Metern kommt es bei der Kleinstadt Aach in einem Quelltopf ans Tageslicht zurück. Dort wird es zur Radolfzeller Aach, fließt in den Bodensee, von dort in den Rhein, ist Rheinwasser geworden.

■ **Ort:** *Möhringen, Landkreis Tuttlingen/TUT*
■ **Lage:** *Wegweiser zur Donauversinkung an der Straße nach Hattingen*
■ **Öffnungszeiten:** *immer frei zugänglich*
■ **Rollstuhl/Kinderwagen:** *nicht möglich*
■ **Parken:** *an der Straße nach Hattingen*
■ **Auskunft:** *Tourist-Info im Rathaus Tuttlingen, Rathausstraße 1, Telefon (0 74 61) 9 93 40, touristik @tuttlingen.de, www.tuttlingen.de*

Zum Erlebniswald

Am Krummbach entlang

Im Oktober 2006 haben Auszubildende eines Ochsenhauser Unternehmens gemeinsam mit dem Kreisforstamt Biberach einen »Erlebniswald« angelegt. Er ist vor allem für Familien mit Kindern gedacht, nicht sonderlich groß, hält aber ein paar schöne Überraschungen bereit. Gleich nach dem Eintritt geht's ins Heckenlabyrinth, in dem sich eigentlich niemand wirklich verlaufen kann. Es gibt einen Barfußpfad mit ganz unterschiedlichen Belägen, die den Fußsohlen guttun. Mittendrin in der kleinen Waldparzelle liegt ein Teich, der von den Rändern her allmählich zuwächst. Überall finden sich kleine Biotope. Von einer geräumigen Aussichtsplattform ist das Gebiet mit seinem Dutzend kleiner Abteilungen und ihren ganz unterschiedlichen Lebensräumen gut zu überschauen. Der schönste Weg zum Erlebniswald läuft längs des Krummbachs. Diesen künstlichen Wasserlauf haben vor Jahrhunderten Mönche zur Versorgung des Klosters Ochsenhausen am Berghang entlanggeführt. Er ist nur ein paar Zentimeter tief, hat kaum Gefälle und eignet sich gut, um Schiffchen auf dem Wasser fahren zu lassen. Hin und wieder steht eine Schautafel am Weg, die über den Bachlauf berichtet. Auch das verwunschene »Hexenhäusle« wird erwähnt. Nach ein paar hundert Metern weist ein Holzschild den Weg »Zum Erlebniswald«. Dort geht es noch einmal 200 Meter bergab – und das Ziel ist erreicht.

- **Ort:** *Ochsenhausen, Landkreis Biberach/BC*
- **Lage:** *südlich von Ochsenhausen*
- **Öffnungszeiten:** *immer frei zugänglich*
- **Rollstuhl/Kinderwagen:** *am Krummbach möglich, im Erlebniswald nicht möglich*
- **Parken:** *am Krummbachparkplatz an der Straße nach Hattenburg*
- **Auskunft:** *Städtisches Verkehrsamt, Marktplatz 1, 88416 Ochsenhausen, Telefon (0 73 52) 92 20 26, www.ochsenhausen.de*

Blick vom Turm

Über Donau und Alb

Malerisch liegt an einer steilen Felswand auf dem linken Donauufer der Ort Rechtenstein. Weit oben steht seit 1744 die Pfarrkirche St. Georg. Nur die Burgruine überragt sie noch, von der wenig mehr als der Bergfried erhalten ist. Aber bietet er einen schönen Blick übers Donautal, die Schwäbische Alb, nach Oberschwaben. Auf halber Höhe liegt im Hang die 53 Meter lange »Geisterhöhle«, in der 1872 Knochen von Rentieren und Höhlenbären gefunden wurden. Wenig stromaufwärts fließt der Donau die kaum einen Kilometer lange Braunsel zu. Ein stiller Waldweg führt zu ihren Quellen. Er beginnt oberhalb des Rechtensteiner Rathauses im »Braunselweg« und erreicht bald am »Wildbienen-Kinderzimmer« des Fischervereins Reutlingen vorbei den Donauauwald. Dort geht es sanft hinauf und hinab,

immer oberhalb des Stroms. Am Weg hier und da eine Ruhebank. Nach 200 Metern im Wald steht linker Hand ein Schild an der Braunselmündung. Noch 400 Meter zu einer Brücke über das kristallklare Gewässer. Den Grund des Bachbetts bilden tiefblaue Trichter. In ihnen steigt Wasser von der Schwäbischen Alb auf. Es kommt vorwiegend von der Versickerung der Großen Lauter. Im Frühjahr zeigt sich das Naturschutzgebiet Braunsel von seiner schönsten Seite, wenn Märzenbecherwiesen leuchten und Orchideen blühen.

- **Ort:** *Rechtenstein, Alb-Donau-Kreis/UL*
- **Lage:** *im Ort und 500 Meter westlich*
- **Öffnungszeiten:** *Geisterhöhle und Braunsel sind immer frei zugänglich*
- **Rollstuhl/Kinderwagen:** *nicht möglich*
- **Parken:** *im Ort oder auf dem Parkplatz »Sommerberg« oberhalb des Orts*
- **Außerdem:** *Schlüssel zum Turm bei Familie Dreher im Schlosshof*
- **Auskunft:** *Alb-Donau-Kreis Tourismus, Schillerstraße 30, 89070 Ulm, Telefon (07 31) 1 85 12 38, www.tourismus.alb-donau-kreis.de*

Oase der Gesundheit

Auf zum Wassertreten

»In unserer Zeit«, begrüßt der Vorstand des Kneipp-Vereins Riedlingen an der Donau die Besucher seiner Internetseite, »wird es immer wichtiger, für die persönliche Gesundheit Eigenverantwortung zu übernehmen.« Der Verein hat es nicht bei guten Worten belassen. Er hat sich die fünf Säulen der Gesundheitsförderung nach der Lehre des Pfarrers Sebastian Kneipp zu eigen gemacht und aus ihnen seine »Oase der Gesundheit« entwickelt. Mit ihr will der Verein seinen Besuchern helfen, die für jeden einzelnen passende Form der Gesundheitsförderung zu finden. Kneipp hatte schon Mitte des 19. Jahrhunderts zur Behandlung mit klarem kaltem und warmem Wasser geraten. In der Ernährung empfahl er zu naturgerechter Vollwertkost. Frühzeitigen körperlichen Gebrechen sollte mit jeder Möglichkeit aktiver Bewegung vorgebeugt werden. Zudem riet Kneipp zur Nutzung natürlicher Heilpflanzen und zu bewusster Lebensführung mit größtmöglicher Harmonie von Körper, Geist und Seele. Diesen Kneippschen Grundsätzen folgt der Riedlinger Kneipp-Verein. In seiner Ruheoase findet sich, was Kneipp wünschte. Es gibt eine Wassertretstelle und ein Bad für die Arme, einen Weidentunnel für die Bewegung, ein Geschick-

lichkeits-Laufband fürs Gleichgewicht, schließlich einen Barfußpfad und sogar ein Kräuterbeet. Pfarrer Kneipp hätte vermutlich seine Freude dran gehabt.

- **Ort:** *Riedlingen, Landkreis Biberach/BC*
- **Lage:** *am Zollerbach*
- **Öffnungszeiten:** *immer frei zugänglich*
- **Rollstuhl/Kinderwagen:** *nicht möglich*
- **Parken:** *an der Turnhalle der Geschwister-Scholl-Realschule*
- **Auskunft:** *Kneipp-Verein Riedlingen e. V., Martin Bochtler, Keltenstraße 18, 88499 Riedlingen, Telefon (0 73 71) 1 24 97 www.kneippverein-riedlingen.de*

129

Auf Quellenwegen

Zum Hofnarren Kuony

» **U** nd horch! Da sprudelt es silberhell / Ganz nahe, wie rieselndes Rauschen, / Und stille hält er, zu lauschen; / Und sieh aus dem Felsen, / Geschwätzig, schnell, / Springt murmelnd hervor / Ein lebendiger Quell ...« Stockachs Quellenwege zitieren aus Schillers Ballade »Die Bürgschaft«. Quellen sind von Mythen, Sagen, Legenden umwoben. Nixen, Nymphen, Quellgeister wohnen dort. Die »Schöne Lau« wurde vom König in den Blautopf bei Blaubeuren verbannt. Es ist viel Traurigkeit um die Quellen. Aber sie sind auch Symbole für Ursprünglichkeit, für Reinheit. Aus nahezu tausend Quellen entsteht die »Stockacher Aach«. Über Nenzingen, Wahlwies, Espasingen erreicht der Fluss bei Bodman den Bodensee. Zwei Rundwanderwege, die erst im Jahr 2009 erneuert wurden, führen zu einigen der fast tausend Stockacher Quellen. Sie passieren grüne Quellsümpfe und sprudelnde Sturzquellen. An den Wegen liegen siebzehn Stationen, auf denen Wanderer Wasserrätsel lösen, mit Wasser musizieren und noch viele andere Dinge machen können. Der dreieinhalb Kilometer lange Kuony-Weg läuft im Tobelgraben durch ein Waldquellgebiet zur »Kuony-Quelle«, benannt nach dem Hofnarren des österreichischen Herzogs Leopold, eine Figur der Stockacher Fastnacht. Zwei Kilometer länger ist die Wanderung zur »Friedensquelle« und zum »Eisweiher«. Am Parkplatz zum Freibad Osterholz steht eine Übersichtstafel zu den tausend Stockacher Quellen und den zwei Wanderwegen.

■ **Ort:** *Stockach, Landkreis Konstanz/KN*
■ **Lage:** *am östlichen Stadtrand*
■ **Öffnungszeiten:** *immer frei zugänglich*
■ **Rollstuhl/Kinderwagen:** *nicht möglich*
■ **Parken:** *am Freibad Osterholz*
Auskunft: *UmweltZentrum Stockach, Gaswerkstraße 17, 78333 Stockach, Telefon (0 77 71) 49 99, www.stockach.de*

Freude
am Garten

Kunst und Natur

Im Schlossgarten

Burg Altshausen wird erstmals 1004 als Besitz der Grafen von Altshausen genannt. Dort wurde 1013 Hermann der Lahme geboren, einer der großen Gelehrten des Mittelalters. Von 1264 bis 1806 war Altshausen als Herrschaftszentrum der Ballei Elsass-Burgund eine der Residenzen des Deutschen Ordens. Seit 1729 begann man, die Burg zu einer barocken Schlossanlage umzuwandeln, die jedoch nie fertiggestellt wurde. Zur Anlage gehört die 1413 errichtete, später barockisierte Schloss- und Pfarrkirche St. Michael. Das Torgebäude von 1732 gilt als Wahrzeichen der Gemeinde Altshausen. Seit 1919 ist das Schloss Wohnsitz des Herzogs von Württemberg. Während das Schloss selbst nicht besichtigt werden kann, stehen der große Schlosshof, die Kirche und die Kapelle mit dem Heiligen Grab von 1746 den Besuchern offen. Wohnräume und innerer Schlosshof liegen nach dem Toreingang links. Rechts steht das Reitschulgebäude. Im Park und im großen Schlosshof sind einige Kunstwerke von der Hand der Herzogin Diane von Württemberg aufgestellt. Die als Prinzessin von Frankreich geborene Adelige ist seit 1960 mit Herzog Carl von Württemberg verheiratet. Sie beschäftigt sich seit ihrem vierzehnten Lebensjahr mit Kunst in Holz- und Glasmalerei, Siebdruck und Stuck, in jüngster Zeit vor allem mit Plastiken in Bronze und Metall. Im Schlosspark ist ständig das große Kunstwerk »Die Geburt der Isis« zu sehen, eine der schönsten Arbeiten der Künstlerin Diane Herzogin von Württemberg.

- **Ort:** *Altshausen, Landkreis Ravensburg/RV*
- **Lage:** *Schlosspark Altshausen*
- **Öffnungszeiten:** *der große Schlosshof ist immer frei zugänglich; Schloss und innerer Schlosshof können nicht besichtigt werden.*
- **Rollstuhl/Kinderwagen:** *möglich*
- **Parken:** *auf Parkplätzen unterhalb des Schlosses*
- **Auskunft:** *Gemeinde Altshausen, 88361 Altshausen, Telefon (0 75 84) 9 20 60, www.altshausen.de, www.ddiane.de*

Mehr als Blumen und Kräuter

Im Franziskusgarten

Im Frühjahr 2004 eröffneten die Franziskanerinnen im Kloster Sießen ihren »Franziskusgarten«. Den Namen hat er nach Franz von Assisi, dem Gründer des Franziskanerordens. Der hatte grad 780 Jahre zuvor seinen »Sonnengesang« geschrieben, ein großes Gebet, mit dem er den Schöpfer von Sonne, Mond und Sternen, von Wasser, Erde, Feuer rühmt. Zugleich preist er die Schönheit der Schöpfung und all ihre Elemente. Ein breiter Schotterweg schwingt in leichten Serpentinen sacht den Hang hinunter. Sträucher, Kräuter, Blumen wachsen zu beiden Seiten. Irgendwo tritt eine Quelle ans Licht. Franziskus nennt das Wasser »nützlich, demütig, kostbar und keusch«. Der soeben entstandene Bach mündet bald in einen kleinen, von Schilf und Röhricht umstandenen, waldgesäumten Weiher. Dort unten erlebt der Besucher den Garten in seiner ganzen stillen Pracht. Ein Kräutergärtlein ist da, ein Labyrinth, eine Menschen-Sonnenuhr, ein Bienenhaus, eine Kapelle. Franziskus habe sich, lehren die Sießener Ordensfrauen, sein Leben lang die Fähigkeit zu Dankbarkeit und Staunen bewahrt und sei der Schöpfung immer in großer Ehrfurcht begegnet. Die Franziskanerinnen laden nun ein, in ihrem »Garten zu verweilen und der Schöpfung nahe zu sein«. Der Gast braucht eine Weile, um zu erkennen, wie ruhig es ist im Garten, kaum ein Laut zu hören – ein Garten der Stille.

■ **Ort:** *Bad Saulgau, Landkreis Sigmaringen/SIG*
■ **Lage:** *südwestlich von Bad Saulgau an der Straße nach Ostrach*
■ **Öffnungszeiten:** *von 15. April bis 31. Oktober täglich 10 bis 19.30 Uhr frei zugänglich*
■ **Rollstuhl/Kinderwagen:** *möglich*
■ **Parken:** *am Franziskusgarten*
■ **Auskunft:** *Kloster Sießen, 88343 Bad Saulgau, Telefon (0 75 81) 8 01 07, www.klostersiessen.de*

Eislauf mit Musik

Auf dem Groggensee

In Ehingen belebt der »Groggensee« eine kleine Parklandschaft. In der warmen Jahreszeit gehört er den Fischen und Wasservögeln, im Winter wird er zur Eisbahn. Das städtische Bauamt überwacht die Eisstärke und unterhält die Eisläufer mit munteren Melodien. Am Rand des Stadtparks stehen neun Frauengestalten aus Pappelholz – jede über drei Meter hoch. Sie standen 1999 auf der Landesgartenschau in Weil am Rhein und halten sich seit 2000 in Ehingen auf. Ein weiterer Park legt sich um den 1891 errichteten »Kaiser-Wilhelm-Gedächtnisthurm und Aussichtsthurm«, der heute »Wolfertturm« heißt und eins der ältesten Betonbauwerke Süddeutschlands darstellt. Seine Plattform gewährt einen schönen Rundumblick – an guten Tagen bis zur Alpenkette. Zu Füßen des Turms liegen ein kleiner See und ein Spielplatz. Das (kostenpflichtige) Freizeit- und Erlebnisbad ist nur einen Steinwurf entfernt. Die Stadtbücherei lädt Kinder ab vier Jahren zur »Bärenstarken Vorlesestunde«. Für Erwachsene gibt's den »Literarischen Salon«.

- **Ort:** *Ehingen (Donau), Alb-Donau-Kreis/UL*
- **Lage:** *im Stadtgebiet*
- **Öffnungszeiten:** *Eislaufanlage Groggensee bei Frostwetter täglich von 10 bis 20 Uhr, Wolfertturm Ostermontag bis Oktober an jedem 1. Sonntag im Monat von 10 bis 12 Uhr und 14 bis 16 Uhr geöffnet oder nach Anfrage unter Telefon (0 73 91) 50 31 21*
- **Rollstuhl/Kinderwagen:** *möglich – außer auf dem Wolfertturm*
- **Parken:** *im Stadtgebiet, am Freizeitbad*

Außerdem: *Vorlesestunden: am zweiten Donnerstag im Monat ab vier Jahren um 16 auf Uhr englisch, am letzten Donnerstag im Monat um 16 Uhr ab fünf Jahren auf deutsch; der »Literarische Salon« findet am letzten Mittwoch im Monat um 19.30 Uhr statt*

Auskunft: *Stadt Ehingen (Donau), Marktplatz 1, 89584 Ehingen (Donau), Telefon (0 73 91) 50 30, www.ehingen.de*

Über die Teufelsbrücke

Im Fürstlichen Park

» **D**ort, wo die blaue Donau / durch steile Felsen bricht / und ihre Fluten glänzen / im hellen Sonnenlicht / dort liegt ein lauschig Plätzchen / vom Herrgott reich bedacht.« Ein Heimatdichter von der Oberen Donau besingt den »Fürstlichen Park Inzigkofen«. Freilich hat Fürstin Amalie Zephyrine von Hohenzollern-Sigmaringen im frühen 19. Jahrhundert selbst Hand angelegt am himmlischen Meisterwerk. Der Fürstin, die viele Jahre in Paris gelebt hatte, behagte es im Sigmaringer Schloss nicht. Verglichen mit den Pariser Salons des 18. Jahrhunderts ging es an der Donau altmodisch zu. Also ließ die fürstliche Familie das ehemalige Augustinerinnenkloster im nahegelegenen Inzigkofen zum Sommersitz ausbauen. Zugleich wurde dieses »lauschig Plätzchen« in mehrjähriger Arbeit in einen »Fürstlichen Park« verwandelt. Stille Spazierwege schlängeln sich durch Wäldchen und an Wiesen entlang, über Stützmauern und Holzbauten. Die »Teufelsbrücke« überquert eine gut zwanzig Meter tiefe, wilde Schlucht. Der »Amalienfelsen« steigt direkt aus der hier sechs Meter tiefen Donau zur Höhe von 29 Metern auf. Nahe dem Parkeingang unterhält der Schwäbische Albverein in der ehemaligen Klosterscheune ein

Bauernmuseum. Seitlich des Museumszugangs liegt ein üppig sprießender Bauerngarten.

■ **Ort:** *Inzigkofen, Kreis Sigmaringen/SIG*
■ **Lage:** *am nördlichen Ortsrand*
■ **Öffnungszeiten:** *Park und Bauerngarten immer frei zugänglich, Bauernmuseum: Mai bis Oktober am 1. und 3. Sonntag von 14 bis 17 Uhr, Eintritt frei*
■ **Rollstuhl/Kinderwagen:** *streckenweise möglich*
■ **Parken:** *am Volkshochschulheim im ehemaligen Kloster*
■ **Auskunft:** *Gemeindeverwaltung Inzigkofen, Ziegelweg 2, 72514 Inzigkofen, Telefon (o 75 71) 7 30 70, www.inzigkofen.de*

Ein Herz für Kinder

Auf der Blumeninsel

Üppiger Blütenflor das ganze Jahr über, ein Park mit gut 150 Jahre alten Bäumen, barocke Pracht von Schlossanlage und Kirche, mediterraner Charakter – das ist Mainau, die Blumeninsel im Bodensee. Sein 45 Hektar großes Eiland hat Graf Lennart Bernadotte, Urenkel des Großherzogs Friedrich I. von Baden, im Lauf seines langen Lebens in einen einzigen großen Blumen- und Pflanzengarten verwandelt. Wege und Pfade führen an exotischen Baumriesen vorüber, durch Rosen- und Dahliengärten, zu Rhododendren und Azaleen, ins Palmen- und zum Schmetterlingshaus, zum Schloss, zum Gärtnerturm und in die »Grüne Schule«. Auf der Mainau schlägt auch »Ein grünes Herz für Kinder«. Voller Spaß und Abwechslung ist das »Kinderland« mit seinem Bau-

ernhof und dem Streichelzoo, der Garteneisenbahn, der Wasserwelt, den Blumentieren. Seit April 2009 gibt es den brandneuen Themenspielplatz »Blumis Uferwelt«, der den Entdeckerdrang der Drei- bis Sechsjährigen antreibt und ihnen Bewegung verschafft. Seit langem schon gibt es für die Ein- bis Vierjährigen das »Zwergendorf« mit verlockenden Spielmöglichkeiten. Und dann ist da ja auch noch »Blumi« – das Insel-Maskottchen. Es heißt Familien und Kinder »Willkommen auf der Blumeninsel Mainau«.

- **Ort:** *Insel Mainau, Landkreis Konstanz/KN*
- **Lage:** *im Überlinger See nördlich Konstanz*
- **Öffnungszeiten:** *ganzjährig von Sonnenaufgang bis Sonnenuntergang*
- **Rollstuhl/Kinderwagen:** *möglich*
- **Parken:** *kostenpflichtig am Zugang zur Insel*
- **Außerdem:** *Freier Eintritt für Kinder bis einschließlich 12 Jahren. Pro zehn Schüler oder sechs Kindergartenkinder ist der Eintritt für jeweils einen Betreuer frei*
- **Auskunft:** *Servicezentrum, 78465 Insel Mainau, Telefon (0 75 31) 30 30, www.mainau.de*

3000 stachlige Gesellen

Im Stadtgarten

Überlingen rühmt sich der längsten Uferpromenade des ganzen Bodensees. Als die Stadt im 19. Jahrhundert ihren Eisenbahnanschluss erhalten sollte, verweigerte der Stadtrat der Bahn die Trasse am See. Er zwang sie in einen Tunnel unter der Stadt und behielt die Promenade. Zum Uferpark bilden eine Rotbuche und eine Linde ein eindrucksvolles Tor – ein Arboretum am See, dessen Bäume vor 60 Jahren gepflanzt wurden. Markant fallen der Götterbaum, der Tulpenbaum, der Mammutbaum und die Flügelnuss ins Auge. Oberhalb der Promenade liegt der Badgarten, flankiert von Kursaal, Badhotel und ehemaliger Kapuzinerkirche. Der Garten blickt auf eine lange Tradition zurück, die sich aus den Klostergärten der Kapuziner entwickelt hat. Lange Zeit diente er als Garten für Kur- und Badegäste. Heute imponiert der alte Baumbestand mit einer mächtigen Buche, mit dem Urweltmammutbaum und der als Naturdenkmal geschützten Platane. Nach dem Badhotel wird die Bahnhofstraße überquert zum Eingang in den Stadtgarten, ein botanischer Park vollkommener Harmonie. Gleich nach der ersten Gabelung links liegt der »Kakteengarten« mit mehr als 3000 Exemplaren. Große, kleine, runde, lange, dürre, verzweigte, schiefe, gerade, teils bunt blühende, in jedem Fall eine sehenswerte Sammlung. Von Mai bis September sind die stachligen Gesellen draußen. Überwintern müssen sie unter den Dächern der Stadtgärtnerei.

■ **Ort:** *Überlingen, Bodenseekreis/FN*
■ **Lage:** *Seepromenade, Badgarten, Stadtgarten*
■ **Öffnungszeiten:** *immer frei zugänglich*
■ **Rollstuhl/Kinderwagen:** *möglich*
■ **Parken:** *im Stadtgebiet*
■ **Auskunft:** *Kur und Touristik Überlingen, Landungsplatz 5, 88662 Überlingen, Telefon (0 75 51) 9 47 15 22, www.ueberlingen.de*

Hymne auf die Schöpfung

Blühender Sonnengesang

Eine Oase der Stille, der Besinnung, der Begegnung will der »Klostergarten« der Franziskanermönche in Wangen sein. Bruder Christoph hat ihn geplant und betreut ihn seit der Eröffnung im Juni 2007. In seinen Überlegungen zur Anlage des Gartens hat sich Bruder Christoph von seinem Ordensgründer Franz von Assisi und dessen »Sonnengesang« leiten lassen. Franziskus hat dieses Gebet 1224 gegen Ende seines Lebens geschrieben, als er gerade 42 Jahre alt geworden war. Der Sonnengesang ist eine Hymne auf Gottes Schöpfung. Er fordert den Menschen auf, sein Verhalten der Welt gegenüber zu bedenken, auch Krankheit und Sterben zu akzeptieren. Der Wangener Klostergarten bildet Elemente des Gebets in der Natur

ab. Darunter »Schwester Sonne« und »Schwester Quelle«, »Mutter Erde«, »Bruder Tod«, »Bruder Feuer«. Es gibt eine Menge blühender Pflanzengesellschaften, einen Wasserlauf, einen Brunnen mit Fischen, einen Gemüsegarten mit Gewächshaus. Große Steine liegen im Garten, Findlinge aus der Umgebung. Ruhebänke mit Blick aufs Wasser stehen im Rund. Kurze, schmale Wege winden sich durch den Garten. Am Bienenstand verknüpft sich der »Bienenlehrpfad« der Imker mit dem Klostergarten der Franziskaner. Durch Glasscheiben blickt der Besucher ins Innere eines Bienenstocks. Unvorstellbar, wie es dort zugeht und dass die Biene tatsächlich an ihr Ziel gelangt.

- **Ort:** *Wangen im Allgäu, Landkreis Ravensburg/RV*
- **Lage:** *im Garten des Klösterle*
- **Öffnungszeiten:** *immer frei zugänglich*
- **Rollstuhl/Kinderwagen:** *möglich*
- **Parken:** *kostenfrei gegenüber dem Klösterle*
- **Auskunft:** *Franziskanerkloster Wangen, Bruder Christoph, Am Klösterle 1, 88239 Wangen im Allgäu, Telefon (0 75 22) 91 36 00, www.wangen.de*

Kleiner
Tierfreund

Muffelwild und mehr

Im Freizeitland Tannenbühl

Wenig östlich der Kurstadt Bad Waldsee zieht ein bewaldeter Höhenrücken von Süd nach Nord. Auf ihm verläuft die europäische Wasserscheide zwischen Rhein und Donau. Die jüngste Eiszeit hat diesen Endmoränenwall zusammengeschoben und mit dem Abtauen der Gletscher vor gut 18 000 Jahren zurückgelassen. In Abständen von etwa einem Kilometer wird der Rücken immer wieder von Einschnitten unterbrochen, in denen das Schmelzwasser ablief. Heute queren dort Straßen und Eisenbahn den Höhenzug. Eine der Kuppen zwischen zwei Einschnitten trägt den »Tannenbühl« mit einer weitläufigen Freizeitlandschaft. Es gibt einen Kinderspielplatz mit viel Gerät und eine Grillhütte mit Bolzplatz. Ein zwei Kilometer langer Trimmdich-Pfad verfügt über neunzehn Übungsstationen. Auf dem dreiein-halb Kilometer langen Waldlehrpfad erzählen 54 Schautafeln von Baumarten, heimischer Tierwelt, Geologie, Waldbewirtschaftung. Erklärt wird auch, wie die Endmoräne entstanden ist. In vier großen Wildgehegen sind Wildschweine, Rot-, Muffel- und Steinwild daheim – auch zum Streicheln. Im Mai 2007 wurde der Zaun zum Wildschweingehege mutwillig beschädigt, so dass ein Teil der Schwarzkittel entweichen konnte. Sie sind überwiegend zurückgekehrt. Zum Naherholungsgebiet »Tannenbühl« gehört ein (kostenpflichtiger) Kletterpark.

- **Ort:** *Bad Waldsee, Landkreis Ravensburg/RV*
- **Lage:** *1,5 Kilometer südöstlich von Bad Waldsee*
- **Öffnungszeiten:** *immer frei zugänglich*
- **Rollstuhl/Kinderwagen:** *möglich*
- **Parken:** *am Waldparkplatz Tannenbühl*
- **Außerdem:** *Anfahrt von Bad Waldsee in Richtung Hittisweiler (ausgeschildert)*
- **Auskunft:** *Kur & Touristik, Kurverwaltung, Ravensburger Straße 3, 88339 Bad Waldsee, Telefon (0 75 24) 94 13 42, www.bad-waldsee.de*

Büffel am Bodensee

Auf dem Bodenwald

Hans-Georg Biehler hat sich einen Jugendtraum erfüllt. An einem Karfreitagabend beschloss er, Büffelzüchter zu werden. Von einer kleinen Ranch hatte er schon immer geträumt. Die musste gar nicht in der nordamerikanischen Prärie liegen. Hans-Georg Biehler wollte einfach aus dem Fenster gucken und seine eigene Büffelherde beobachten. Er wollte sie beim Grasen erleben und beim Wiederkäuen, beim Umherziehen auf seiner »Ranch« und bei der Aufzucht des Nachwuchses. Biehler tat sich mit seinem Bruder zusammen. Noch im selben Jahr machten sie sich an die Arbeit. Gut drei Jahre später waren sie am Ziel. Die ersten Büffel, wissenschaftlich »Bison Linaeus«, weideten auf Biehlers kleiner Prärie. Sie liegt in 700 Metern Höhe auf der Halbinsel Bodanrück im westlichen Bodensee. Das »Hofgut Bodenwald«

hat eine Größe von gut 43 Hektar und ist auf allen Seiten von Wald eingefasst. Ein paar Pferdekoppeln liegen in der Nähe. Die Bisons bestimmen das Bild. Sie sind eng mit dem Wisent verwandt, werden bis zu drei Meter lang und fast zwei Meter hoch. Sie ernähren sich von Gräsern und leben gesellig am liebsten in großen Herden. Auf dem Bodenwald ist der Platz begrenzt. Aber zwei Dutzend Tiere hält Marc Schmalenberger als Biehlers Nachfolger allemal. Für kleine Besucher wurde ein Streichelzoo eingerichtet.

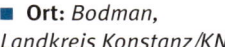

- **Ort:** *Bodman,*
Landkreis Konstanz/KN
- **Lage:** *oberhalb*
der Ortschaft Bodman
- **Öffnungszeiten:** *Die kleine*
Prärie am Hofgut Bodenwald ist
immer frei zugänglich
- **Rollstuhl/Kinderwagen:**
nicht möglich
- **Parken:** *an der Gaststätte*
- **Außerdem:** *Öffnungszeiten der*
Gaststätte »Bisonstube Boden-
wald«: Montag bis Samstag 12 bis
22 Uhr, Sonntag 11 bis 22 Uhr
- **Auskunft:** *Marc Schmalen-*
berger, Hofgut Bodenwald 1,
78351 Bodman-Ludwigshafen,
Telefon (0 77 73) 50 90,
www.bisonstube-bodenwald.de

Murmeltier und Steinbock

Im Alpenwildpark

Um 670 Meter überragt der »Pfänder« bei Bregenz die Wasserfläche des Bodensees. Das sichert meist eine großartige Fernsicht auf die Rheinmündung, auf 240 Berggipfel in der Schweiz, in Liechtenstein und im österreichischen Vorarlberg. Das Nordufer des Sees mit bayerischen und württembergischen Städtchen und Dörfern liegt dem Betrachter zu Füßen. Die Tafel »Bergpanorama« erklärt alle sichtbaren Höhen und Täler. Hinzugekommen ist 2005 das »Seepanorama«, das einen Überblick über Länder, Kantone, Städte und wichtige Orte am See bietet. Auf Besucher warten die (kostenpflichtige) »Adlerwarte« und der (kostenlose) »Alpenwildpark«. Der Rundgang führt vom »Berghaus Pfänder« zu den Zwergziegen, Hasen und Hängebauchschweinen, zu Steinböcken, Wildschweinen, Mufflons und Rothirschen. Im letzten Gehege tummeln sich die Murmeltiere, die aber von Mitte Oktober bis Mitte März in ihrem weitläufigen Höhlensystem fünf Monate lang Winterschlaf halten. Eine gute halbe Stunde dauert es schon, die tierischen Alpenbewohner im Wildpark zu besuchen. In der Adlerwarte werden Adler, Geier, Falken, Milane und Uhus vorgeführt. Die Wege auf dem Pfänder liegen im Berggelände. Deshalb sollte festes, geländetaugliches Schuhwerk getragen werden.

■ **Ort:** *Bregenz, Vorarlberg, Österreich/A*
■ **Lage:** *auf dem Pfänder*
■ **Öffnungszeiten:** *Wildpark tagsüber frei zugänglich, Adlerwarte gegen Gebühr mit Vorführungen um 11 Uhr und 14.30 Uhr*
■ **Rollstuhl/Kinderwagen:** *nicht möglich*
■ **Parken:** *kostenpflichtig an der Talstation der Pfänderdrahtseilbahn, ebenso auf dem Pfänder*
■ **Außerdem:** *Auffahrt mit der Pfänderbahn oder mit dem Pkw ab Lochau*
■ **Auskunft:** *Alpenwildpark Pfänder, Ferdinand Kinz, Pfänder 4, A-6911 Lochau, Telefon (00 43) 55 74 42 18 40, www.pfaenderbahn.at*

Enten, Hühner, Gänse

Streichelzoo Lochmühle

Seit gut 400 Jahren liegt am Ortsrand von Eigeltingen in den Ausläufern des Hegau das Gehöft »Lochmühle«. Aus ihm ist mittlerweile ein Wirtshaus mit Hotel geworden. Ein gemütlicher, kleiner Freizeitpark mit freiem Eintritt gehört dazu. Auf dem Hof herrscht buntes Treiben. Enten, Gänse, Hühner und manch anderes Federvieh laufen frei umher und mischen sich unter die Besucher. Schweine suhlen sich in Wasserpfützen. Der Pfau stolziert mit aufgerichtetem Federschweif umher und lässt sich bewundern. Kaninchen hoppeln durchs Gehege. Im Streichelzoo auf der Anhöhe wartet noch viel mehr Getier auf Gäste. Aber auch Wasser ist da: Bächlein und Brunnen fließen und plätschern, treiben Wasserräder. Es rauscht und sprüht. Fische tummeln sich in ihren Becken, und auf dem kleinen See fahren (kostenlose) Tretboote. Auch gibt es eine Art Museum mit zwei- und vierrädrigen Kutschen jeder denkbaren Bauart und Verwendungsmöglichkeit, dazu Schlitten in allen Formen und Größen. Der ganze Museumsinhalt steht mehr oder weniger geordnet rum. Jeder kann besichtigen, was er mag. Auch einiger Kruscht ist dabei und niemand, der etwas verbietet. Historische Traktoren, Bulldozer,

Trecker gehören ebenfalls dazu. Mitunter rollen sie – heftig Staub aufwirbelnd – auf dem Hof umher. Im Frühjahr 2009 ist eine neue Spielelandschaft an der Einfahrt zur Lochmühle hinzugekommen.

- **Ort:** *Eigeltingen, Landkreis Konstanz/KN*
- **Lage:** *am Ortsrand (ausgeschildert)*
- **Öffnungszeiten:** *frei zugänglich zwischen 10 und 18 Uhr*
- **Rollstuhl/Kinderwagen:** *möglich*
- **Parken:** *an der Lochmühle*
- **Auskunft:** *Lochmühle, Hinterdorfstraße 44, 78253 Eigeltingen, Telefon (0 77 74) 9 39 30, www.lochmuehle-eigeltingen.de*

Fang die Sonne ein

Naturschutzzentrum Wollmatinger Ried

Das »Wollmatinger Ried« ist das älteste und bedeutendste Naturschutzgebiet am deutschen Bodenseeufer. Es wurde 1969 als erstes deutsches Naturschutzgebiet mit dem Europa-Diplom ausgezeichnet. Geschützte Seebuchten, ausgedehnte Schilfröhrichte und bunte Streuwiesen geben einer vielfältigen Tier- und Pflanzenwelt Lebensraum. Zahlreiche seltene und vielerorts schon ausgestorbene Arten finden in der weitgehend naturbelassenen Landschaft Zuflucht. Das 767 Hektar große Schutzgebiet wird vom NABU im »Naturschutzzentrum Wollmatinger Ried« betreut. In seinen Räu-

men ist die ständige Ausstellung »Fang die Sonne ein« aufgebaut. Bunte Infotafeln, Vogelstimmen, präparierte Vögel sowie eine Mal- und Bastelecke bieten für jeden Besucher etwas. Die NABU-Mitarbeiter geben auf alle Fragen zur Tier- und Pflanzenwelt des Bodensees gern Auskunft. Ein Spielplatz ist nicht weit. Der nahegelegene »Gottlieber Weg« läuft durch den Ostteil des Rieds zum Seerhein und ist frei zugänglich. Draußen wartet – gegenüber dem Schweizer Ort Gottlieben – eine Bank mit schöner Aussicht. Auf dem Gottlieber Weg und dem Damm zur Insel Reichenau entsteht ein Naturlehrpfad. Die Kernbereiche des Schutzgebiets werden nur im Rahmen der regelmäßig vom NABU-Naturschutz-

zentrum angebotenen Führungen besucht.

- **Ort:** *Reichenau, Landkreis Konstanz/KN*
- **Lage:** *Im alten Bahnhof*
- **Öffnungszeiten:** *April bis September Montag bis Freitag von 9 bis 12 Uhr und 14 bis 17 Uhr, Samstag, Sonntag, Feiertag von 13 bis 15.30 Uhr, Oktober bis März nach Vereinbarung*
- **Rollstuhl/Kinderwagen:** *möglich*
- **Parken:** *am Naturschutzzentrum*
- **Auskunft:** *NABU Naturschutzzentrum Wollmatinger Ried, Kindlebildstraße 87, 78479 Reichenau, Telefon (0 75 31) 7 88 70, www.nabu-wollmatingerried.de*

Wildkatze, Gams und Steinbock

Im Wildpark Peter und Paul

Im Februar 1892 gründete die Sektion St. Gallen des Schweizerischen Jäger- und Wildschutzvereins »Diana« den Wildpark Peter und Paul am nördlichen Stadtrand St. Gallens. Noch im selben Jahr wurde am 1. Mai offiziell Eröffnung gefeiert. Im Wildpark lebten zu diesem Zeitpunkt 39 Tiere. Die ersten Steinböcke hielten 1906 Einzug ins Gehege. Als Kitze waren sie aus dem Gran-Paradiso Gebiet, dem Jagdrevier der italienischen Könige, ins St. Galler Oberland geholt worden. Sie wurden mit der Milchflasche aufgezogen. Fünf Jahre nach ihrer Ankunft stellte sich bei den Steinböcken erster Nachwuchs ein. Fünf Jungtiere bildeten den Auftakt für die später sehr erfolgreiche Ansiedlung des Alpensteinbocks. Heute werden im Wildpark Damhirsche und Gämsen, Luchse, Murmeltiere und Rothirsche, Sikahirsche, Steinböcke, Wildkatzen und Wildschweine gehalten. Im Jahr 2009 wurden siebzehn Jungtiere geboren – darunter Frischlinge vom Wildschwein, Kälber von Dam-, Rot- und Sikahirsch, Kitze von der Gams und vom Steinbock. Der Wildpark Peter und Paul liegt 780 Meter hoch auf einer Bergkuppe, auf der sich von mehreren Standorten aus weite Ausblicke in den Schweizer Thurgau, ins österreichische Vorarlberg, auf den Bodensee und nach Süddeutschland hinein ergeben. Durch den Wildpark läuft ein Waldlehrpfad.

- **Ort:** *St. Gallen, Schweiz/CH*
- **Lage:** *Am Nordrand des St. Galler Stadtteils Rotmonten*
- **Öffnungszeiten:** *Das Wildgehege ist immer frei zugänglich*
- **Rollstuhl/Kinderwagen:** *möglich*
- **Parken:** *an der Kirchlistraße*
- **Auskunft:** *Wildpark Peter und Paul, Parkwächter Walter Signer, Kirchlistraße 92, CH-9010 St. Gallen, Telefon (00 41) 7 12 44 51 13, www.wildpark-peterundpaul.ch*

Wachs und Honig

Auf dem Bienenlehrpfad

Beiderseits des Spazierwegs an der Oberen Argen im Allgäustädtchen Wangen unterhält der Bezirksimkerverein seinen »Bienenlehrpfad«. Zwölf Stationstafeln berichten vom »bienenfleißigen«, aber kurzen Arbeitsleben der Nektarsammlerinnen. Mitgeteilt wird, wie Bienenvölker gehalten werden sollen. Vom Honig und vom Wachs wird erzählt, auch von der Rolle der Bienen für die Bestäubung der Blütenpflanzen. Hornissen, Wildbienen, Wespen werden vorgestellt. Ein »Hotel für Wildbienen« steht am Weg. Hunderte Gäste können dort einziehen, um die nächste Generation einzubringen. Entlang des Bienenpfads wurden »Trachtpflanzen« mit Täfelchen versehen. Auf ihnen ist knapp beschrieben, welche Bedeutung jeder einzelne Baum und Strauch,

auch die Staude, für die Bienen hat. Mit der Bienenzucht und dem Erzeugen von Honig beschäftigt sich der Mensch, seit er sesshaft geworden ist. In der Vergangenheit ging es fast ausschließlich um den Nutzen, den Honig und Wachs dem Imker einbrachten. Das hat sich gewandelt. Heute gilt die Imkerei eher nur noch als Freizeitbeschäftigung. Nah beim Bienenpfad liegt das Wangener Franziskanerkloster. An seinem »Franziskusweg« stehen ein paar Bienenstöcke. Dort kann der Besucher durch Glasscheiben einen Blick ins schier unvorstellbare Gewusel im Innern eines Bienenstocks werfen – ohne Gefahr, gestochen zu werden.

- **Ort:** *Wangen im Allgäu, Landkreis Ravensburg/RV*
- **Lage:** *an der Oberen Argen*
- **Öffnungszeiten:** *immer frei zugänglich*
- **Rollstuhl/Kinderwagen:** *möglich*
- **Parken:** *am Klösterle der Franziskaner*
- **Auskunft:** *Bezirksimkerverein Wangen im Allgäu, Vorsitzender Roland Frisch, Epplingser Halde 23, 88239 Wangen im Allgäu, Telefon (0 75 22) 55 42, Internet: www.imker.wangen.de*

Fromme Reiter

Der Heilig-Blut-Ritt

Seit 1529 zieht immer am Freitag nach dem Feiertag »Christi Himmelfahrt« der Weingartener Heilig-Blut-Ritt durch Felder und Wiesen. Früh am Morgen setzt er sich von der Basilika aus in Bewegung. Mehr als 2500 Reiter begleiten die Heilig-Blut-Reliquie, die von einem Prälaten zu Pferde in der Prozession mitgeführt wird. Die Rösser sind festlich geschmückt. Die Reiter tragen einen schwarzen Gehrock und Zylinder, beten den Rosenkranz, singen feierliche Lieder. Auch Ministranten ziehen mit – manche zu Fuß, andere auf Ponys. Musikkapellen, Fahnen und Standarten begleiten den festlichen Prozessionszug. Mehrmals hält er an. Der Prälat spendet den Segen. Nach mehr als vier Stunden kehrt die Prozession in den Klosterhof zurück. Die mitgeführte Reliquie ist der Legende nach ein Blutstropfen Jesu Christi. Judith, Gemahlin eines Welfenherzogs, hat sie der Überlieferung nach am 31. Mai 1094 dem Kloster gestiftet. Seither wird sie in einem eigenen Altar in der Kirche verwahrt. Umzüge im zeitigen Frühjahr durch die Fluren sind seit Jahrhunderten üblich. Anfangs war es wohl nur der erste Gang des Grundbesitzers nach dem Ende des Winters über seine Felder. Später entwickelte sich daraus der gemeinschaftliche Rundgang. Irgendwann war dann auch die Kirche dabei, um die Felder zu segnen, für gutes Wetter zu beten und eine reichhaltige Ernte zu erbitten.

- **Ort:** *Weingarten, Landkreis Ravensburg/RV*
- **Lage:** *Feldwege zwischen Weingarten und Baienfurt*
- **Termin:** *Freitag nach Christi Himmelfahrt gegen 7 Uhr*
- **Rollstuhl/Kinderwagen:** *möglich*
- **Parken:** *am Stadtrand*
- **Auskunft:** *Amt für Kultur und Tourismus, Münsterplatz 1, 88250 Weingarten, Telefon (07 51) 40 52 32, www.weingarten-online.de*

Ab ins Museum

Altes Spielzeug

Im Schlossmuseum

Schloss Aulendorf erhebt sich am Steilhang im Stadtzentrum. In direkter Nachbarschaft steht die Pfarrkirche St. Martin aus der zweiten Hälfte des 16. Jahrhunderts. Gegenüber, hinter dem Schlossplatz, liegt ein kleiner Park, an den sich die Aulendorfer Thermen anschließen. Die unregelmäßig um den Innenhof gescharten Schlossbauten bilden auf engem Raum die ganze Entwicklung der Anlage vom frühen Mittelalter bis ins 19. Jahrhundert ab. Die ältesten Bauteile stammen aus dem 10. Jahrhundert. Spätgotik, Barock, Klassizismus, selbst die Romantik des 19. Jahrhunderts haben an und in den Gebäuden ihre Spuren hinterlassen. In einem Teil der historischen Räume ist als Filiale des Württembergischen Landesmuseums Stuttgart das Schloss-

museum eingerichtet. Es stellt vor allem Kunst des Klassizismus aus. In vier Räumen der Schlossbibliothek wird altes Spielzeug vom Beginn des 18. Jahrhunderts bis in die Gegenwart gezeigt. Unter den Ausstellungsstücken sind vor allem Puppen aus der Barockzeit, dazu künstlerisch anspruchsvoll gestaltetes Holzspielzeug, schließlich Bau- und Experimentierkästen, Dampfmaschinen und Antriebsmodelle. In der großen Sammlung von Eisenbahnspielzeug bilden Erzeugnisse der bedeutendsten württembergischen Hersteller wie Märklin, Kibri, Ludwig Lutz , Rock & Graner den Schwerpunkt.

■ **Ort:** *Aulendorf, Landkreis Ravensburg/RV*
■ **Lage:** *in der Stadtmitte*
■ **Öffnungszeiten:** *Mittwoch bis Freitag von 13 bis 17 Uhr, Samstag, Sonn- und Feiertag von 10 bis 17 Uhr*
■ **Rollstuhl/Kinderwagen:** *möglich*
■ **Parken:** *in der Innenstadt*
■ **Außerdem:** *Eintritt frei nur mit Landesfamilienpass*
■ **Auskunft:** *Schlossmuseum Aulendorf, Hauptstraße 35, 88326 Aulendorf, Telefon (0 75 25) 93 42 03, www.landesmuseum-stuttgart.de, www.aulendorf.de*

Durch die Jahrhunderte

Museumsdorf Kürnbach

Das »Kreisfreilichtmuseum Kürnbach« besteht seit 1968. Angefangen hat es mit dem im »Kürnbachhaus« von 1664 eingerichteten Heimatmuseum. Heute bilden das Dorf 32 Gebäude, die aus Ortschaften des Landkreises Biberach nach Kürnbach versetzt wurden. Sie stammen aus sechs Jahrhunderten und zeigen die Entwicklung des oberschwäbischen Bauernhauses vom Ende des Mittelalters bis ins frühe 20. Jahrhundert. Wohn- und Wirtschaftsräume vermitteln Einblicke in Lebens- und Arbeitsumstände der Menschen, die in ihnen ihr Zuhause hatten. Merkmal dieser strohgedeckten Eindachhäuser sind die Holzbohlenwände, die Tenne oder Diele in der Hausmitte, der von gekreuzten Hölzern oder durchgehenden Säulen getragene First und der Rauchabzug durchs Dach. Das Trachtenmuseum im »Tanzhaus« zeigt oberschwäbische und Allgäuer Festtagskleidung von 1750 bis 1850. Im Dorf werden rund 200 alte Apfelsorten gezogen. Der »Schwäbische Eisenbahnverein« unterhält in Nachbarschaft zum Museum eine 600 Meter lange, Personen befördernde (kostenpflichtige) Mini-Dampfbahn der Spurweiten 5, 7 1/4 und 10 1/4 Zoll.

- **Ort:** *Bad Schussenried, Landkreis Biberach/BC*
- **Lage:** *in Kürnbach, am Südrand von Bad Schussenried*
- **Öffnungszeiten:** *Mai bis September täglich 10 bis 18 Uhr, April und Oktober täglich 10 bis 17 Uhr*
- **Rollstuhl/Kinderwagen:** *möglich*
- **Parken:** *Parkplatz am Museumsdorf*
- **Außerdem:** *Eintritt frei nur mit Landesfamilienpass*
- **Auskunft:** *Oberschwäbisches Museumsdorf Kürnbach, Griesweg 30, 88427 Bad Schussenried, Telefon (0 75 83) 9 42 05 11, www.museumsdorf-kuernbach.de, Schwäbischer Eisenbahnverein Dampfbahn Kürnbach, Hornsteinweg 5, 88447 Warthausen, Telefon (0 73 51) 1 35 26, www.schwaebischer-eisenbahnverein.de*

Echte Malerateliers

Im Braith-Mali-Museum

Das »Museum Biberach« im ehemaligen Hospital zum Heiligen Geist aus dem frühen 16. Jahrhundert gehört zu den bedeutenden Sammlungen in Baden-Württemberg. Auf 2 800 Quadratmetern präsentiert es Archäologie, Geschichte, Kunst und Naturkunde. Modelle, vielerlei Installationen, auch Computeranimationen erläutern Entstehung und Besiedlung der oberschwäbischen Landschaft. In der stadtgeschichtlichen Abteilung wird mit Videofilmen und Hörspielen von Kämpfen im Mittelalter berichtet, von Religion und Politik, von umherziehenden Räuberbanden, vom Handwerk und seinen Zünften. Täuschend echt angelegte Lebensbilder erklären die Ausstellungsstücke zur Archäologie und zur Naturkunde. Die kunstgeschichtliche Abteilung versammelt neben Hauptwerken oberschwäbischen Kunstschaffens über vier Jahrhunderte bedeutende Arbeiten des Expressionisten Ernst Ludwig Kirchner. Das Museum möchte sich dauerhaft als Kirchner-Sammlung in Süddeutschland einrichten. Alle zwei, drei Jahre widmet es dem deutschen Expressionismus eigene Ausstellungen. Sie ergänzen die jährlichen Sonderausstellungen zur Kunst- und Kulturgeschichte Oberschwabens. Höhepunkte des Museumsrundgangs sind die von München nach Biberach versetzten Ateliers der Malerfreunde Anton Braith und Christian Mali.

- **Ort:** *Biberach an der Riß, Landkreis Biberach/BC*
- **Lage:** *Stadtmitte*
- **Öffnungszeiten:** *Dienstag, Mittwoch, Freitag von 10 bis 13 Uhr und 14 bis 17 Uhr, Donnerstag 10 bis 13 Uhr und 14 bis 20 Uhr, Samstag, Sonntag 11 bis 18 Uhr*
- **Rollstuhl / Kinderwagen:** *möglich*
- **Parken:** *im Stadtgebiet*
- **Außerdem:** *Eintritt frei bis 18 Jahre*
- **Auskunft:** *Museum Biberach, Museumstraße 6, 88400 Biberach an der Riß, Telefon (0 73 51) 5 13 31, www.museum-biberach.de*

Stress erleben

Kindermuseum Neu-Ulm

Im Jahr 2009 wurde im Edwin-Scharff-Museum in Neu-Ulm das erste kommunale Kindermuseum ganz Süddeutschlands eröffnet. Im strengen Wortsinn ist es eigentlich kein Museum. Hier werden keine Ausstellungsstücke gesammelt, beschriftet, abgelegt, ausgestellt. Das Kindermuseum setzt sich aus »Erlebnisräumen« zusammen. In ihnen herrscht denn meist auch wildes Leben. Und so soll es auch sein. Die kleinen Besucher sollen »mitmachen« in diesem Museum. Sie sollen hinlangen, anfassen, hier was bewegen, dort was umdrehen, an anderer Stelle wieder nur zuhören. Es gibt Ecken, in die sich einer ganz still hinhocken kann, und es gibt Zonen, in denen es richtig rund geht, so dass Stress aufkommt. Allüberall stehen erwachsene Museumsleute rum. Die passen nun aber überhaupt nicht auf, dass da ja nichts berührt wird. Im Gegenteil – sie drängen die jungen Besucher, alles auszuprobieren, zu begutachten, zu untersuchen, was ihnen nur in die Finger kommt. Ein sonderbares Museum fürwahr auf zwei Stockwerken mit 500 Quadratmetern. Im selben Haus werden die Dauerausstellungen zu dem in Neu-Ulm geborenen Grafiker und Bildhauer Edwin Scharff und dem Münchner Kunstprofessor Ernst

Geitlinger gezeigt. Das Kindermuseum aber ist am tollsten.

- **Ort:** *Neu-Ulm, Landkreis Neu-Ulm/NU*
- **Lage:** *in der Stadtmitte*
- **Öffnungszeiten:** *Dienstag, Mittwoch 13 bis 17 Uhr, Donnerstag bis Samstag 13 bis 18 Uhr, Sonntag 10 bis 18 Uhr*
- **Rollstuhl/Kinderwagen:** *möglich*
- **Parken:** *im Stadtgebiet, die erste halbe Stunde ist frei*
- **Außerdem:** *Der Eintritt ist für Kinder bis 14 Jahre frei*
- **Auskunft:** *Kindermuseum im Edwin Scharff Museum, Petrusplatz 4, 89231 Neu-Ulm, Telefon (07 31) 9 72 63 18, www.edwinscharffmuseum.de*

Vermessene Landesgrenzen

Im Grenzsteinmuseum

Baden-Württemberg wurde 1952 aus den bis dahin eigenständigen Landesteilen Baden, Hohenzollern-Sigmaringen und Württemberg gebildet. Damit verloren verwirrende Grenzverläufe ihre Bedeutung. In der Gemeinde Ostrach stießen die Grenzen der drei Länder an drei geographischen Orten zusammen. Im Ostracher Heimatmuseum wird eine Dokumentation aller einst im Gemeindegebiet aufgestellten Grenzsteine gezeigt. Auch Landkarten und Vermessungsgeräte sind zu sehen. Ein dreizehn Kilometer langer »Vermessungslehrpfad« verbindet als Rundweg die Landesteile Baden, Hohenzollern und Württemberg sowie das Heimatmuseum, die Freilichtanlage und das Dreiländereck bei Laubbach. Auf vierzehn Schautafeln wird über die Geschichte der Vermessungstechnik berichtet. Möglich ist auch, nur die im Jahr 2002 geschaffene Freilichtanlage zu besuchen. Sie bildet auf einer 4000 Quadratmeter großen Fläche die Landschaft rund um Ostrach mit ihren Fluren und Wäldern, mit Bächen, Straßen, Ortschaften und eben den früheren Landesgrenzen im Maßstab 1 : 200 ab. Dort sind Dutzende Grenzsteine zusammengetragen worden. Schautafeln erläutern die Geschichte der einstigen Grenzen und erklären die Grenzsteine als wichtige Zeugnisse der Grenzgeschichte.

■ **Ort:** *Ostrach, Landkreis Sigmaringen/SIG*
■ **Lage:** *Museum in Ostrach, Freilichtanlage am Rand des Ortsteils Burgweiler*
■ **Öffnungszeiten:** *Museum am 1. Sonntag im Monat von 14 bis 17 Uhr, geöffnet, die Freilichtanlage ist immer frei zugänglich*
■ **Rollstuhl/Kinderwagen:** *möglich*
■ **Parken:** *am Museum und an der Freilichtanlage*
■ **Außerdem:** *Der Besuch von Museum und Freilichtanlage ist kostenlos*
■ **Auskunft:** *Gemeindeverwaltung Ostrach, Hauptstraße 19, 88356 Ostrach, Telefon (0 75 85) 5 36, www.ostrach.de*

Geschichte hautnah

Im Museum Humpis-Quartier

Im Juli 2009 wurde in Ravensburgs Oberstadt das »Museum Humpis-Quartier« eröffnet. Der verschachtelte Gebäudekomplex war im späten Mittelalter die Zentrale der »Großen Ravensburger Handelsgesellschaft«, die mit Stoffen, Gewürzen, Metallwaren und anderem Bedarf in ganz Europa Handel trieb. Die historische Stätte ist mehrere Jahre lang saniert und zum Museum umgebaut worden. Der Besucher unternimmt eine Reise durch die Geschichte der Reichsstadt Ravensburg. Er taucht ein in die Lebenswelten mittelalterlicher Lederhandwerker und Fernhandelskaufleute, frühneuzeitlicher Wirte und anderer Bewohner des Quartiers. Donnerstags um 18 Uhr sind öffentliche Führungen, samstags um 15 Uhr werden jüngere Besucher durchs Haus geleitet. Für sie gibt es Detektivaufgaben, Rätsel und Spiele. Einzelbesuchern stehen Audioguides zur Verfügung. Mit ihnen werden ehemalige Bewohner des Quartiers wie der Handwerker Johannes Wucherer und auch der Kaufmann Hans Humpis persönlich virtuell ins Leben gerufen. Sie berichten aus der Zeit, als sie in der Freien Reichsstadt Ravensburg lebten, arbeiteten, handelten, feierten. Im Geschichtslabor wird Ravensburg nach 1871 vorgestellt.

- **Ort:** *Ravensburg, Landkreis Ravensburg/RV*
- **Lage:** *in der Stadtmitte*
- **Öffnungszeiten:** *Dienstag bis Sonntag 11 bis 18 Uhr, Donnerstag 11 bis 20 Uhr, Öffentliche Führung Donnerstag 18 Uhr, Familienführung Samstag 15 Uhr, Gruppenführungen nach Anmeldung*
- **Rollstuhl/Kinderwagen:** *möglich*
- **Parken:** *im Stadtgebiet*
- **Außerdem:** *Audioguides können kostenlos geliehen werden*
- **Auskunft:** *Museum Humpis-Quartier, Marktstraße 45, 88212 Ravensburg, Telefon (07 51) 8 28 20*

Hugo erklärt die Eiszeit

Im Ulmer Museum

Der Ulmer Kaufmann Christoph Weickmann war im 17. Jahrhundert ein eifriger Sammler. Für seine »Kunst- und Naturalkammer« trug er zusammen, was die Ulmer staunen ließ. Sie enthielt Waffen und Gerät aus entlegenen Weltecken, von Völkern, deren Lebensbedingungen sich in Ulm kaum jemand vorstellen konnte. Schon 1655 erfasste Weickmann – völlig ungewöhnlich für die Zeit – seine Schätze in einem Katalog und machte sie Besuchern zugänglich. Teile dieser Sammlung bildeten den Grundstock des 1925 eröffneten Ulmer Museums. Es gliedert sich heute in die Abteilungen Archäologie, Stadtgeschichte, bildende Kunst. Die Dauerausstellung der archäologischen Abteilung bewahrt eins der ältesten Kunstwerke der Menschheitsgeschichte, den 32 000 Jahre alten »Löwenmenschen«. Dort kümmert sich seit 2009 Hugo um kleine Museumsbesucher. Für einen Euro gibt's ein 22 Seiten starkes Begleitheft. In ihm erklärt Hugo die Eiszeit und den Löwenmenschen, berichtet, dass um Ulm herum einst Mammuts und Bären lebten und dass die Menschen der Steinzeit in Höhlen wohnten. Immer wieder regt Hugo dazu an, Beobachtungen während des Rundgangs aufzuschreiben oder etwas zu zeichnen, am Ende sogar, daheim mal einen Blumentopf zu zertrümmern. Das gäbe eine prima Gelegenheit, den Scherbenhaufen nach Archäologenart zu sortieren und die Einzelteile zusammenzuleimen – wie es ein Student vor vierzig Jahren mit den zweihundert Elfenbeinstücken des Löwenmenschen tat.

- **Ort:** *Ulm, Stadtkreis Ulm/UL*
- **Lage:** *Stadtmitte*
- **Öffnungszeiten:** *Dienstag bis Sonntag 11 bis 17 Uhr*
- **Rollstuhl/Kinderwagen:** *möglich*
- **Außerdem:** *Der Besuch der Dauerausstellungen ist am Freitag frei.*
- **Parken:** *im Parkhaus am Rathaus*
- **Auskunft:** *Ulmer Museum, Marktplatz 9, 89073 Ulm, Telefon (07 31) 1 61 43 30, www.ulmer-museum.de*

Bildnachweis

(nach Seitenzahlen)

2 Oberschwäbisches Museumsdorf Kürnbach
3 Oberschwäbisches Museumsdorf Kürnbach
15 NSZ Wollmatinger Ried
17 Museum Humpis-Quartier
20 Stadt Friedrichshafen
21 Stadt Friedrichshafen
23 Gemeinde Maierhöfen
24 Kurverwaltung Scheidegg
27 Zweckverband Bodensee-Wasserversorgung
28 Gemeinde Uttenweiler
32 Gästebüro Kißlegg
33 Bildungszentrum Ulm
34 RP Tübingen
36 Stadt Stockach
41 Meersburg Tourismus
42 Schlösser und Gärten Baden-Württemberg
43 Bildarchiv Stein am Rhein
46 Gästeamt Waldburg
54 D.-J. Stieger
55 D.-J. Stieger
61 Stadt St. Gallen
67 Stadt Friedrichshafen
76 Schoggiland
77 Stragapede
80 Brigitte Jaeger
86 Stadt Markdorf
87 Peter Strohmann
88 Stadt Pfullendorf
89 Stadt Pfullendorf
92 Gemeinde Wasserburg
94 Stadt Dornbirn
97 Isny Marketing
98 Gemeinde Kressbronn
100 Waldpädagogikverein Möggers
104 NABU Bad Buchau
105 NSZ Bad Wurzach
106 Haus der Natur Beuron
107 NSZ Eriskirch
114 Gemeinde Immenstaad
115 Stadt Lindenberg im Allgäu
118 Stadt Pfullendorf
123 Stadt Bad Waldsee
129 Kneipp-Verein Riedlingen
130 Umweltzentrum Stockach
134 Stadt Ehingen
136 Insel Mainau
137 Stadt Überlingen
140 Stadt Bad Waldsee
142 Alpenwildpark Pfänder
144 NSZ Wollmatinger Ried
145 NSZ Wollmatinger Ried
146 Wildpark Peter und Paul
147 Roland Frisch
155 Anja Köhler
156 Martin Mäntele

Alle anderen Fotos:
Gerrit-Richard Ranft

Ortsverzeichnis